KB005733

초등학생이 꼭 알아

국어 잘하는 문해력

&SCP재단

SCP 문해력
목차

안녕? 나는 SCP-2353이야. 살아 움직이는 마네킹이지. 난 여러 나라의 말을 할 수 있어. 영어, 에스파냐어, 북경어, 아랍어, 프랑스어, 러시아어로 의사소통이 가능해. 대단하지? 마네킹인 내가 어떻게 대화를 나누고 글을 쓸 수 있는지는... 나도 몰라. 재단 사람들도 모른대.

내 성격은 상당히 좋은 편이야. 어떤 일에도 화를 내지 않으려고 노력하거든. **참을 인 자가 셋이면 살인도 피한다**잖아? 그런데... 아무리 속으로 참을 인 자를 써 봐도 참기 힘든 게 있어. 바로... 패션 테러리스트들! 옷을 엉망으로 입고 다니는 사람들은 나를 화나게 해!

깔 맞춤을 해서 옷을 입는 것 정도는 괜찮아. 그런데 구멍이 빵빵 뚫려 있는 크록스 샌들을 신고 다닌다거나 펑퍼짐한 청 반바지 같은 걸 입고 다니는 사람들을 보면... 정말 참을 수가 없어. 양말 위에 샌들이나 슬리퍼를 신는 사람들은 물론이고, 흰옷을 입는 시즌이 아닌데도 흰옷을 입는 사람들도 마찬가지야! 정말 견디기 힘들어. 내가 태어난 미국에선 노동절인 9월 첫째 주 월요일부터 현충일인 5월 마지막 주 월요일까지 흰옷을 입지 않는 전통이 있거든.

나는 이런 사람들을 보면 화를 참지 못하고 달려들어. 그 보기 흉한 옷과 신발들을 벗겨 버리기 위해서 말이야. 난 미국에서 가장 큰 백화점의 한 의류 판매점에 있었는데. 옷차림이 구린 사람들이 지나갈 때마다 유리 진열장 안에서 뛰쳐나가고 싶었지. 그런데 어느 날, 최악의 패션 테러리스트가 내 눈앞을 알짱대는 거야. 펑퍼짐한 청 반바지를 입은 남자였지. 참을 인을 백 번도 넘게 외워 봤지만... 참을 수가 없었어. 결국 난 그 남자에게 달려들어 바지를 확 벗겨 버렸고, 이 일을 계기로 재단에 **발각되었어**. 지금 나는 재단의 표준형 인간형 객체 격리실에 격리되어 있어. 격리된 처지이긴 하지만. 난 만족해. 아주 평화롭거든. 재단에서 나를 연구하는 사람들에게 내가 싫어하는 옷차림을 하지 말라고 한 모양이야. 종종 코디를 다시 해 주고 싶은 직원들이 눈에 띄긴 하지만. 이 정도는 참을 수 있지.

▶ **참을 인 자가 셋이면 살인도 피한다** 어떤 어려운 일이 있어도 끝까지 참아 나가면 무슨 일이든 해내지 못할 것이 없다는 뜻. 비슷한 의미의 속담으로는 '참는 자에게 복이 있다', '한 시를 참으면 백 날이 편하다'가 있다.

▶ **발각되다** 숨기던 것이 드러나다. 비슷한 의미의 단어로는 '탄로되다(나다), 들키다'가 있다.

1   이 글을 읽고 정리한 내용 중 바른 것에 O, 틀린 것에 X 표시를 해 보세요.

❶ SCP-2353은 마네킹이다. (　　)

❷ SCP-2353은 일본어를 할 수 있다. (　　)

❸ 미국의 노동절은 5월 마지막 주 월요일이다. (　　)

❹ 재단의 직원들은 SCP-2353이 어떻게 의사소통이 가능한지 알고 있다. (　　)

❺ 재단의 직원들 대부분이 크룩스 샌들을 신고 다닌다. (　　)

❻ SCP-2353이 참지 못하는 것 중 하나는 펑퍼짐한 청 반바지다. (　　)

2   아래 세 사람 중 SCP-2353이 달려들지 않을 것 같은 사람을 찾아 O표 해 보세요.

3   SCP-2353이 쓴 이 글의 제목으로 가장 적절한 것은 무엇일까요? (　　)

❶ 마네킹의 고단한 삶.

❷ 재단 직원들의 패션 감각은 최악이야!

❸ 다재다능한 SCP-2353을 소개합니다.

❹ 이런 꼴은 정말 못 참아!

❺ 내 꿈은 모델.

4   이 글을 읽고 알 수 있는 것을 모두 골라 보세요. (　　　　)

❶ SCP-2353을 화나게 하는 옷과 신발의 종류

❷ SCP-2353의 취미

❸ 재단에서 유행하는 패션

❹ 미국에서 가장 큰 백화점의 이름

❺ 미국의 현충일의 날짜

살모사와 바이러스

SCP - 1645
등급 : 유클리드
타입 : 생물

SCP-1645는 8개의 머리를 가진 길이 6m의 거대 살모사다. '하치 병'이라는 변칙적인 바이러스의 보균체로, 독니에서는 독액 대신 하치 병 바이러스가 함유된 혈청이 분비된다.

하치 병은 머리 옆에 또 다른 머리가 계속해서 만들어지는 병이며, 체액 접촉으로 감염이 가능하다. 이러한 하치 병은 모든 동물에게 발병할 수 있는데, 동물의 크기나 유전자 배열에 따라 병세에 차이를 보인다. 그러나 결국은 목 주변에 작은 종양이 생기게 되고, 종양은 해당 동물의 머리의 외형과 기능을 완벽하게 수행할 수 있는 머리로 자라난다.

1645는 특수 개조한 파충류용 우리에 넣어 보관하며, 내부 온도는 3.5도로 유지한다. 주의 사항으로는 1주일에 한 번 수의사들이 방문해 추가로 생성되고 있는 상태의 머리와 체내에 **축적된** 금속 물질들을 제거 하는 수술을 진행해야만 한다는 점이 있다. 이 활동을 제외한 다른 접촉은 허가하지 않으며, 감염자가 발생할 경우엔 즉시 격리한다.

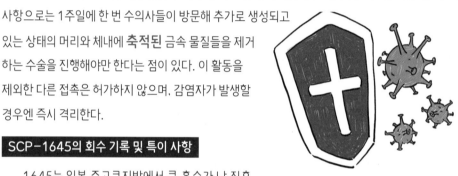

SCP-1645의 회수 기록 및 특이 사항

1645는 일본 주고쿠지방에서 큰 홍수가 난 직후, **강변** 근처의 밭에서 발견되었다. 발견 당시 1645는 총 32개의 머리를 가지고 있었으며 격리 과정은 5분 만에 완료됐다. 1645가 32개의 머리 무게를 감당하지 못해서 빠른 회수가 가능했던 것으로 보인다. 회수 후 8개의 머리를 제외한 나머지는 제거됐다.

회수 당시 일본인 팀원이 한 명 있었는데, 회수 중 1645에 물리는 사고가 발생했다. 해당 팀원을 급히 검사했더니, 하치 병에 면역을 가지고 있다는 검사 결과를 받았다. 이후 실험을 통해 일본인 말고 또 다른 면역 유전자 혈통이 발견되었는데, 바로 그리스인의 혈통이었다.

▶ **축적되다** 지식, 경험, 재산 등을 모아서 쌓음. 혹은 모아서 쌓은 것이란 뜻이다. 비슷한 용어로는 모이다, 쌓이다 등이 있다.

▶ **강변** 강의 가장자리에 잇닿아 있는 땅. 또는 그 부근. 다른 말로 강가가 있다.

1 **SCP-1645에 관한 설명으로 알맞은 것은? (　　)**

❶ 8개의 머리를 가진 거대 살모사로, 길이는 7m이다.

❷ '하치 병'이라는 변칙적인 바이러스의 보균체로, 하치 병은 또 다른 머리가 생기는 병이다.

❸ 하치 병은 모든 척추동물에게 발병할 수 있다.

❹ 하치 병에 걸린 개체는 일정 시간이 지나면 팔 주변에서 종양이 생기게 된다.

❺ 1645는 특수 개조한 파충류용 우리에 넣어 보관하며, 내부 온도는 3도로 유지한다.

2 **다음 중 하치 병에 면역인 나라의 전통 의상은? (　　)**

3 **다음 중 SCP-1645의 회수 기록을 보고, 틀리게 말하는 사람은? (　　)**

❶ 영희 : SCP-1645는 일본 주고쿠지방에서 발견되었어.

❷ 경일 : 발견된 곳은 강변 근처의 민가였어.

❸ 두희 : 1645가 발견될 때 머리는 32개였어!

❹ 지석 : 회수하고 24개의 머리를 제거했대. 남은 건 8개뿐이야.

❺ 사윤 : 회수할 때, 팀원 한 명이 물리는 사고가 있었어!

▶ 정답과 도움말 151쪽 참조

메그네 식당

SCP - 1295
등급 : 케테르
타입 : 장소

SCP-1295는 "메그의 좋은 먹거리"라는 식당의 단골인 네 명의 나이 든 남성 집합체이다. 이들은 매일 오전 9시부터 오후 6시까지 식당에 머무르는데. 이때 식당으로의 접근이 막히거나 강제적으로 쫓겨나면 변칙 현상이 나타난다. 현상의 종류와 시간은 **개체**마다 다르다. 아래는 네 개체가 **발현**시키는 현상을 정리한 글이다.

SCP-1295-1 [워렌]

출입을 막으면, 5~10분 이내에 나타난다.
약 100m 내외에 있는 사람들이 극도의
무기력감에 빠지며 안전 불감증을 보인다.

SCP-1295-4 [드와이트]

출입을 막으면, 3시간 이내에 나타난다.
약 150m 내외의 모든 이들이 안전 염려증을
보이며 심각한 정신적 고통을 경험한다.
이 현상은 한 시간마다 약 200m씩 확장된다.

SCP-1295-2 [프레드릭]

출입을 막으면, 3시간 이내에
나타난다. 약 500미터 내외에
있는 사람들의 인지 능력에
문제가 생겨 주변의 모든 것을
먹어 치우려 한다. 이 현상은
한 시간마다 약 1km씩 확장된다.

SCP-1295-3 [펫]

출입을 막으면 바로 나타난다.
약 50m 내외의 모든 이들은
체내에 가지고 있는 모든
미생물체를 잃는다.
이 현상은 두 시간마다
약 200m씩 확장된다.

네 개체를 미행하려는 시도는 계속되었으나 전부 실패로 돌아갔으며, 민간인들과의 접촉으로 변칙성이 발현될 수도 있다고 판단. 해당 식당을 구입하고 식당 직원들을 전부 재단 측 요원 및 연구원으로 교체해 감시 및 보호를 진행하고 있다. 우측의 지문은 SCP-1295-4가 먼저 말을 걸어 준 순간을 포착한 것이다.

▶ **개체** 하나의 생물체, 또는 존재를 뜻한다.

▶ **발현, 발현하다** '속에 있는 것이 어떤 모습이나 결과로 나타나다. 또는 그렇게 하다.'라는 뜻이다. 비슷한 말로는 '드러나다'가 있다.

SCP-1295 '메그네 식당' 네 개체와의 직접 면담.

어떤 일로 그러십니까? 손님?

바로 이 녀석 때문에 불렀네.

엥? 내가 무슨 짓을 했다고!

자네가 자꾸 우리들 음식을 뺏어 먹으려고 하잖아! 이상한 말버릇을 같이 하면서!

'그거 다 먹을 건가?' 이 말 말이야!

보아하니 자네들이 관리하는 것 중에 끝없이 늘어나는 케이크가 있는 것 같더군.

SCP-871 이라나?

그 케이크를 제공해 주게. 그럼 자네들이 알고 싶은 걸 뭐든 대답해 주겠네.

이봐! 드와이트! 그건 공정하지 않아!

난 좋아! 난 항상 배고프니까!

나도 드와이트 말에 찬성하네! 아주 미쳐 버리겠다고!

면담 종료.

11

1 앞 만화 속 상황에 관한 설명으로 알맞은 것은? (　　)

❶ SCP-1295는 한 명의 인간을 가리키는 명칭이다.

❷ 드와이트는 프레드릭의 말버릇을 좋아한다.

❸ 프레드릭의 말버릇은 '그거 다 먹을 건가?'이다.

❹ 프레드릭의 말버릇을 싫어하는 사람은 워렌뿐이다.

❺ 펫이 드와이트에게 화를 낸 이유는 드와이트의 말투 때문이다.

2 SCP-1295가 출연하는 시간대로 옳은 것은? (　　)

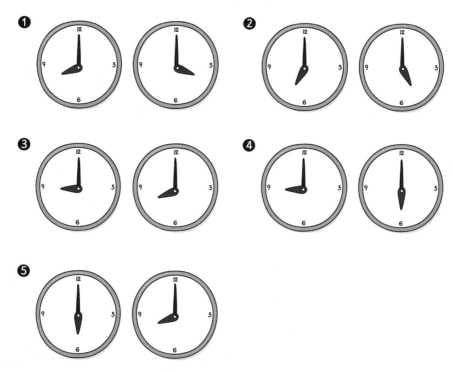

3 설명글의 '발현하다'에서 현은 '나타날 현(現)'을 씁니다. 같은 현이 사용되지 않은 것은? (　　)

❶ 영희는 지난 여름방학에 있었던 일을 재현했다.

❷ 이번 영화는 실제 히말라야를 구현해 스크린에 담았다고 해.

❸ 현실적으로 생각하면, 사람이 하늘을 나는 건 불가능해!

❹ 현금으로 500만 원 준비해. 그렇지 않으면 알지?

❺ 현명한 왕 솔로몬은 두 엄마 중 아이의 엄마가 누구인지 정확하게 알아냈다.

4　앞 만화 속에서 드와이트가 재단에 요구한 것은? (　　)

  ❶ 피자 한 판

  ❷ 커피 머신

  ❸ 생크림 케이크

  ❹ SCP-871 [자가 대체 케이크] : 24시간이 지나면 다시 생겨나는 케이크.

  ❺ SCP-4503 [무한 파스타 솥] : 주문을 외우면 파스타 면이 생기는 솥.

5　다음 특징들을 보고 각 인물의 이름을 적어 주세요.

(1) SCP-1295 네 명 중, 능력이 가장 빨리 발현되는 개체입니다. 능력으로 사람이 아닌 작은 생물들을 사라지게 만듭니다. 드와이트의 옆자리에 앉아 있으며, 드와이트의 말에 동의하지 않습니다. 하얀색과 노란색의 의상을 입고 있습니다.

(　　　　　　)

(2) SCP-1295 네 명 중, 첫 번째 번호를 가지고 있습니다. 주위 사람들을 무기력하게 만드는 능력이 있습니다. 드와이트의 맞은편에 앉아 그의 말에 동의했습니다. 붉은 의상을 입고 있습니다.

(　　　　　　)

6　다음 그림을 보고, 변칙 현상을 발현시킨 개체의 번호와 이름을 적어 주세요.

❶ 개체 번호 : _____　　　❷ 이름 : _____

SCP-1370은 다양한 전자 기기와 도구로 구성된 자아 인식성 인공체다. 머리 부분은 뒤집어진 **전압계**, 몸통은 스피커, 사지는 전선으로 이루어져 있다. '눈'으로 판단되는 부분을 가리는 것으로 시야를 차단할 수 있으며, 감각 기관이 없음에도 촉각과 청각을 지닌 것으로 확인되었다. 1370은 현재 미국식 영어와 프랑스어, 라틴어를 유창하게 구사할 수 있는데, 그 외 다른 언어 또한 교육을 통해 습득할 수 있다.

1370은 지성이 있다고 판단되는 객체와 마주할 시, 온갖 허세 가득한 말을 쏟아 내며 적대적인 반응을 보인다. 그러나 1370의 전투 능력과 이동 능력에는 명백한 **하자**가 있고, 1370이 자신을 소개하면서 내뱉는 호칭들은 전부 본인이 직접 창조해 낸 것으로 판단된다. 1370이 지어낸 호칭으로는 '둠봇 2000', '파괴자 로보로드', '악의 대신', '다스 클로 킬플렉스' 등이 있다.

1370의 작동 원리와 기원을 알아내기 위해 그를 분해해 보자는 의견이 나왔으나, 분해하면 생길 부작용 중 하나로 1370의 죽음이 나타날 수 있어 해당 의견은 기각되었다.

SCP-1370의 전투 능력 확인 실험 : 화분이랑 싸우기

1370의 전투 능력을 알아보기 위해 실험하던 중, 스피커 장치를 심은 화분과 싸움을 붙여 보았다. 이때 1370은 자신을 '모든 어둠의 마스터 둠마스터 1370'이라고 소개하며 화분 속 화초를 적으로 인식, 화분에 돌진해 잎을 잡았다. 그러나 무게 중심을 고려하지 않은 1370이 도리어 넘어지고 말았고, 그 위로 화분이 엎어지면서 1370은 완전히 무력화됐다. 이 실험으로 1370의 전투 능력은 없는 것으로 판단됐다.

다른 SCP 개체와의 접촉 실험이 예정되어 있으며, 현재 예정된 개체들로는 SCP-2258 '대탈주', SCP-504 '비평가 토마토', SCP-999 '간지럼 괴물'이 있다.

▶ **전압계** 전압을 재는 기계. 전기 회로에 접속해 두 점 사이의 차이를 측정하는 데 쓴다. 뒤집어 보면 사람 얼굴처럼 생겼다.

▶ **하자** 흠, 결함을 일컫는 말이다. 반대말로 '완벽'이 있다.

1 SCP-1370에 관한 설명으로 알맞지 않은 것은? (   )

❶ 1370은 다양한 전자 기기와 도구로 구성된 자아 인식성 인공체다.

❷ 감각 기관이 없음에도 촉각과 청각, 시각을 갖춘 것으로 확인되었다.

❸ 1370은 일정 수준의 지성이 있다고 판단되는 객체에겐 적대적인 반응을 보인다.

❹ 1370은 뛰어난 전투 능력으로 상대를 파괴할 수 있으며, 이 때문에 격리 등급은 케테르로 지정되어 있다.

❺ 1370은 스스로 별명 짓기를 즐겨한다.

2 다음 사물 중 '모든 어둠의 마스터 둠마스터 1370'을 쓰러뜨린 사물에 동그라미를 그려 주세요.

3 SCP-1370의 새로운 별명을 짓고 있는 아이 중, 가장 어울리지 않는 별명은? (   )

❶ 수찬 : 지옥에서 온 살육 기계!

❷ 영길 : 그레이트 킬러 666!

❸ 은희 : 포악한 악마의 영혼이 깃든 로봇!

❹ 윤경 : 인간 도살자 강철 나사!

❺ 가영 : 뒤집어진 전압계!

쇠 덫 같은 마음

SCP-4855는 74세의 아프리카계 미국인 여성으로, 이름은 에드위나 드레이크다. 4855는 모든 정신 공격에 면역을 보이며, 자신에게 가해지는 정신 공격을 반대로 튕겨 낼 수도 있다. 이런 능력의 원인은 4855 자신도 모르고 있으며, 4855의 몸을 검사해도 그 원인을 찾지 못했다. 4855의 능력이 발견된 것은 그녀가 살던 마을에서 일어난 사건 때문이다. 아래는 그 사건에 대한 4855의 면담 기록이다.

4855 면담 기록

박사 할머님. 그날 정확히 무슨 일이 있었습니까? 그때의 일을 다시 한번 말씀해 주실 수 있으신가요?

4855 난 평소처럼 TV로 뉴스를 보고 있었는데, 갑자기 TV가 **먹통이 되는 거야.** 그러더니 무슨 심야 공포 영화에서나 나올 법한 가면 쓴 이상한 놈이 TV에 나오더라고. 그놈이 뭐라고 했더라? 모두가 필멸자 육신을 벗어야 한다, 무슨 무슨 괴물이 오고 있다... 뭐 이런 얘기들이었지. 솔직히 아직도 그게 무슨 말인지 모르겠어.

박사 그렇군요. 그럼 그 TV 때문에 죽을 뻔 하신 겁니까?

4855 난 아무렇지 않았어. 그래서 그냥 물이나 마시려고 부엌으로 나갔는데...

박사 할머님?

4855 내 집 부엌에는 창문이 하나 있어요. 그걸로 마당을 보곤 했지. 그런데 그때 밖에서 시끄러운 소리가 들리더라고. 세상에, 옆집 양반이 자기 목을... 파고 있었어...

박사 예?

4855 미안해. 나도 그런 광경은 처음 봐서 말이야. 손톱으로 자기 목을 파고 있었어. 피가 얼마나 솟구치던지... 그런데 그 양반만 그런 게 아니었어. 그 양반의 아들, 딸, 앞집 어르신과 딸도 그렇더라고. 각자 손에 피를 묻히고 벽이며 기둥에 이상한 기호를 새겼어. 난 너무 무서웠지. 그래서 문이란 문을 다 걸어 잠그고 침대 아래에 숨어 구조를 기다렸지. 정말, **귀신이 곡할 노릇**이라니까.

박사 그렇군요. 그럼 아까 그 TV로 돌아와서요. 거기서 어떤 주문 같은 게 들리진 않았나요?

4855 뭐... 별 의미 없는 단어들이 있긴 했지. 뭐라더라... [□□□□□□□□□□]라고...

이후 4855의 말을 들은 박사가 갑자기 피를 토하며 사망했다. 이에 해당 기록은 수정되었으며, 박사를 죽게 만든 주문의 음성을 지워 추가 피해를 최소화시켰다.

▶ **먹통이 되다** '먹통'은 바보, 멍청이라는 뜻으로, 지금에 와선 '무언가 원활히 작동되지 않는 상태'라는 의미의 '먹통이 되다'를 더 자주 쓴다.

▶ **귀신이 곡할 노릇** 어떤 일이 신기하기도 하고 기묘해서 그 속내를 알 수 없음을 비유적으로 나타내는 말이다.

1 다음 중 SCP-4855에 관한 글로 바르지 않은 것은? (   )

❶ 4855는 아프리카계 미국인 여성으로, 이름은 에드위나 드레이크다.

❷ 4855는 모든 정신 공격에 면역을 보이며, 반대로 튕겨 낼 수도 있다.

❸ 4855가 이런 능력을 갖추게 된 원인은 그녀의 특별한 뇌 때문이다.

❹ 4855의 능력이 발견된 것은 그녀가 살던 마을에서 일어난 사건 때문이다.

❺ 4855과 면담하던 박사는 끝내 사망했다.

2 다음 그림은 구조대가 4855를 구조했을 때의 집 안 모습입니다. 4855가 발견된 곳을 찾아 동그라미를 그려 주세요.

3 다음 중, '귀신이 곡할 노릇'이란 말을 바르게 사용하는 아이는 누구일까요? (   )

❶ 종건: 이 많은 일을 저 혼자 다 하라고요? 정말 귀신이 곡할 노릇입니다!

❷ 현식: 그런 다음, 계란후라이를 귀신이 곡할 노릇하게 구워 주세요.

❸ 우찬: 이상하다. 어제까지만 해도 이 바위는 산 정상에 있었는데, 어떻게 여기 있는 거지?
          귀신이 곡할 노릇이군.

❹ 규민: 내 부하를 죽인 것도 모자라 날 협박하다니! 이런 귀신이 곡할 노릇을 봤나!

❺ 이혁: 엄마의 잔소리가 나한테 향하자, 아빠는 귀신이 곡할 노릇하게 방으로 들어가 버리셨어.

진짜 장난감

SCP - 137
등급 : 유클리드
타입 : 생물

SCP-137은 장난감에 **빙의할 수 있는** 개체로, 장난감이 상징하는 것의 물리적 성질. 크기. 그리고 형태를 얻어 내는 개체이다. 가령 137이 곰 인형에 빙의된다면 137은 실제 곰의 외형과 무게. 성격을 보이게 된다. 모형 자동차에 빙의된다면 해당 자동차의 실제 모델이 되어 스스로 주행도 가능한 형태가 된다.

실험을 통해 137이 빙의할 수 있는 것은 오직 장난감뿐이라는 사실을 알아냈다. 이때 장난감은 일반 아이들이 가지고 놀 수 있는 **완구**를 지칭하며. 완구 회사에서 유통되는 **공산품**을 일컫는다.

관찰된 137의 빙의 범위는 반경 500m로 추정되며. 이는 500m 내외에 다른 장난감이 있으면 그 장난감에 빙의할 수 있다는 뜻이다. 이런 성질은 실험을 통해 발견되었으며. 137의 격리 절차에도 반영되었다.

– 악어 인형에 빙의해 악어가 된 경우
대중 매체 속 악어의 포악한 이미지가 반영되었다.
악어는 주변 연구원들을 모조리 죽였으며, 이때 사망한 인원수는 14명이었다.

– 장난감 제트기에 빙의해 제트기가 된 경우
실제 제트기가 되어 이륙을 시도했지만, 속도를 제어하지 못해 실험장 전체가 폭발했다.
인명 피해는 없었지만, 실험장 복구로 금전적 피해가 큰 실험이었다.

- 미국 군인 남성 모형 인형에 빙의해 미군이 된 경우
들고 있던 저격용 총으로 주변 인원 5명을 사살했다.
모형 인형의 소지품까지 구현되는 것이 확인된 실험이었다.

일련의 실험을 거치고 현재 137이 빙의된 장난감은 공주 인형으로, 그간 있었던 137의 모습 중 가장 온순하고 안정적인 모습을 보여 주고 있다. 137이 어떻게, 왜 나타났는지는 현재로선 알 수 없다. 공주 인형으로 빙의된 137과 면담을 진행했으나. 공주로서의 일반적인 답변만을 듣고 특별한 답변은 얻지 못했다.

▶ **빙의하다** 타인의 영혼이 사람을 포함, 동물의 육체 혹은 사물에 깃드는 현상.

▶ **완구** 장난감을 달리 부르는 말.

▶ **공산품** 공업 생산품이란 뜻으로, 별도의 가공 없이 사용할 수 있는 최종 제품 또는 그 부속품을 말한다.

1 SCP-137에 관한 설명으로 알맞은 것은? (   )

❶ 137은 장난감에 빙의할 수 있는 개체다.

❷ 여기서 말하는 장난감은 가지고 놀 수 있는 물건 전체를 말한다.

❸ 137의 빙의 범위는 반경 400m 내외다.

❹ 137이 자동차로 변해도, 운전이 가능하진 않다.

❺ 면담 결과, 137이 어떻게 생기게 되었는지 알게 되었다.

2 다음 장난감 중 137이 빙의하지 않은 장난감을 찾아 동그라미를 그려 주세요.

3 실험 기록을 보고, 알 수 있는 내용이 아닌 것은? (   )

❶ 137은 인간형 장난감에도 빙의할 수 있다.

❷ 137은 빙의된 장난감에 빗대어 자신을 소개할 수 있다.

❸ 연구원은 137이 똑똑한지 알아보기 위해 문제지를 줬다.

❹ 137은 연구원이 준 문제를 풀었다.

❺ 현재 137은 장난감 공주 인형에 빙의되어 있다.

4 다음 물건들이 137과 접촉하면 어떤 일이 일어날까요? 알맞은 그림과 짝지어 주세요.

5 137이 이사를 하게 되었습니다. 지금의 137은 둘 중 어느 곳으로 가게 될까요? (　　　)

❶　　　　　　　　　　　　　　❷

안녕? 난 SCP-035라고 해. 진짜 이름은 아니지. 너희들이 멋대로 지어 준 별명에 익숙해지려면. 이렇게 억지로라도 써야겠지.

응? 가면 멋지다고? 하하! 요즈음 들었던 말 중 가장 웃긴 칭찬이군. 여기까지 왔으면서 날 가면 따위로 보는 거야? 요즘은 재단에 멍청이들만 있나? 지금 네가 보는 이 흰 도자기 가면이 SCP-035야. 날 쓴 멍청이의 정신을 죽여 그 몸을 조종하는 가면이라고.

안 쓰면 그만 아니냐고? 할 수 있으면 해 봐. 지금 이 몸의 원래 주인도 너처럼 날 거부했어. 하지만 난 내 주위 2m 안에 있는 사람에게. 그리고 날 보고 있는 사람에게 날 쓰도록 성신을 **교란하는** 능력이 있거든? 그러니 버틸 수 있으면 버텨 보라고.

아... 미안하군. 순간적으로 욱해 버렸네. 그렇게 떨지 않아도 돼. 지금 당장은 널 조종하고 싶지 않으니까. 왜냐하면 이 몸이 썩어 문드러질 때까지 아직 시간이 있거든.

그래. 시간이 남아 있으니 더 얘기해 보자고. 나한테 더 궁금한 거라도 있어? 응? 여기 오기 전에 어디 있었냐고? 재단 녀석들이 날 발견한 곳은 이탈리아의 베네치아였어. 한 폐가 속 지하실이었을 거야. 나는 아주 오랜 시간 동안 그곳에 있었지. 내가 역사에 끼친 영향력들을 생각하자면, 낡고 썩어 문드러진 폐가 지하실에 틀어박혀 있었다는 게 말이 안 되지만 말이야! 뭐. 어쩌다 보니 발견돼 이곳에 왔는데. 생각보다 나쁘지 않았어. 내 눈과 입에서 흘러나오는 이 검은 액체.
이게 닿으면 모조리 **부패**하거든? 그나마 부패 속도가 느린 게 유리인데.
이걸 너희들 덕분에 알게 됐어. 그것뿐이야? 나와 면담하기 위해서
이렇게 새로운 몸을 제공해 주잖아. 날 쓴 사람의 신체는 검은 액체
때문에 빠른 속도로 부패해 버리는데도 말이야. 날 지하실에서 꺼내
주고, 유리가 그나마 느리게 부패된다는 사실도 알려 주고. 일정
주기마다 새 몸까지 주니. 내가 고맙지 않을 수 있나? 정말 고마워.

응? 그럼 이제 제대로 된 면담을 시작해 보자고? 내 과거를 다 얘기하기
전에 이 몸이 **바스러질** 것 같은데? 더 듣고 싶다면 슬슬 새로운 몸으로
바꿔 줘. 예를 들어... 네 몸으로?

▶ **교란하다** 마음이나 상황 따위를 뒤흔들어서 어지럽고 혼란하게 하다.

▶ **부패** 미생물에 의하여 물질이 변해 인간에게 해롭거나 아무런 이익이 되지 않는 현상을 말한다.

▶ **바스러지다** 깨어져 조금 잘게 조각이 나다.

1   **SCP-035에 관한 설명으로 알맞은 것은? (　　)**

❶ SCP-035는 개체의 진짜 이름이다.

❷ 035는 흰 도자기 가면이다.

❸ 035는 자신을 보는 사람의 눈을 막는 능력이 있다.

❹ 035를 발견한 곳은 이탈리아의 도시 나폴리다.

❺ 035의 눈과 입에는 모든 걸 부식시키는 하얀 액체가 흘러나온다.

2   **다음 상자 중 035를 보관하는 데 그나마 적합한 것은? (　　)**

❶ 나무 상자   **❷** 철 상자   **❸** 황금 상자

 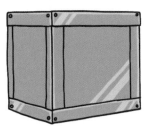 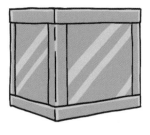

❹ 유리 상자   **❺** 종이 상자

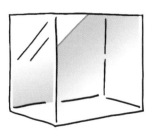 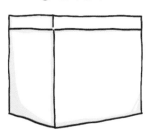

3   **이 글을 읽고, 035를 대하는 안전 수칙으로 적합하지 않은 것은? (　　)**

❶ 경미 : 035를 보면 쓰고 싶은 충동이 일기 때문에, 절대로 보면 안 돼!

❷ 우영 : 035한테 나오는 액체에 닿으면 빠르게 부패하기 때문에, 닿으면 안 돼!

❸ 현수 : 035를 보관할 때는 유리로 된 상자에 보관해야 해!

❹ 유현 : 035는 고작 흰 도자기 가면이야. 늦기 전에 파괴해야 해!

요원 팔머

SCP-1126은 12m 높이의 야자수다. 1126은 움직이고 말할 수 있으며, 자신을 T.R.O.P.I.C.이라는 기관에 소속된 수색 요원 '요원 팔머'라고 주장한다. 1126의 줄기에는 2개의 벨트로 고정된 어두운 회색 트렌치코트가 입혀져 있으며, 마치 팔이 있는 것처럼 트렌치코트를 조종할 수 있다. 아래는 1126과의 면담 내용 중 일부를 발췌한 것이다.

박사 안녕하신가? 요원 팔머? 이곳 음식은 입에 맞나?

1126 음식이라... 날 놀리는 건가? 자네가 나에게 주는 건 물뿐인데?

박사 맞아. 그런데 네가 평범한 요원이 아니잖아. 그냥 물어본 거니 기분 나빠하진 마.

1126 흥! 내 주위에 박혀 있는 4개의 콘크리트 기둥만 아니었어도!

박사 그거? 그거 우리가 한 거야. 자네를 격리하기 위해 세운 조치지. 자네가 뿌리를 움직여 도망칠 수도 있으니까 말이야.

1126 흥, 아무리 그래도 너희한테 우리 기관의 기밀을 누설할 생각은 없어!

박사 그러시겠지. **독 안에 든 쥐** 주제에 당당하시군. 하지만 네가 그동안 말해 온 것도 상당하다고. 'T.R.O.P.I.C.은 열대 생물의 안전과 번창을 위해 싸운다.'랑 '열대 동식물이 전 세계를 지배하는 것이 목표'라고 말했잖아.

1126 그건 우리 기관의 목적이자 미래지. 그걸 어떻게 할지는 자네들이 알 필요 없어.

박사 그래? 그럼 이건? 네가 미국 오하이오주에 있었던 이유가 '오하이오주의 지형을 파악하기 위해서'라며? 이건 너희 기관에서 너에게 보낸 임무 아냐?

1126 그렇지. 하지만 그저 임무 하나일 뿐이야. 오하이오주에서 발견됐으니 다른 변명거리가 없었지. 그리고 그건 이미 성공한 임무야. 난 이미 오하이오주의 지형을 파악했거든.

박사 그런가? 그럼 그다음 임무가 뭔지 말해 줄 수 있나?

1126 천만에! **내 목에 칼이 들어와도** 절대 말해 줄 수 없지! 열대 동식물이 전 세계를 지배하는 날까지! 난 내 임무를 절대...

박사 그래그래. 마음대로 해라. 앞으로 한동안 가뭄이라는데, 그때도 지금처럼 있을 수 있나 보자고. 알지? 너한테 물을 주는 게 우리라는 걸 잊지 않았으면 좋겠군.

▶ **독 안에 든 쥐** 궁지에서 벗어날 수 없는 처지를 비유적으로 이르는 말. 여기서 나오는 독은 항아리를 의미한다.

▶ **내 목에 칼이 들어와도 안 된다** 죽음을 각오하고서라도 필사적으로 의지를 굽히지 않을 때 쓰는 말.

1   SCP-1126에 관한 설명으로 알맞은 것은? (   )

❶ 1126은 높이 10m의 말할 수 있는 야자수다.

❷ 1126은 자신을 '요원 팔대'라고 소개한다.

❸ 1126이 도주하는 것을 막기 위해, 주변에 철기둥 4개가 박혀 있다.

❹ 1126은 T.R.O.P.I.C.이라는 기관의 수색 요원이라고 주장한다.

❺ 1126은 실제 팔이 달려 있어 움직일 수 있다.

2   다음 그림 중, 1126의 인상착의로 옳은 것은? (   )

3   본문에서 박사는 1126에게 '이것'과 비슷한 처지라고 말했습니다. 다음 중 '이 상태'와 가장 비슷한 아이는 누구인가요? (   )

❶ 달리기 대회 결승전에서 아깝게 2등을 한 수경

❷ 소풍 당일 늦잠을 자는 태용

❸ 용돈을 쓰지 않고 모아 사고 싶었던 게임기를 산 기범

❹ 친구한테 장난치고 도망치다가, 막다른 골목에 와 버린 유선

❺ 길을 걷다가 만 원짜리 지폐 한 장을 주운 민환

적응성 자두나무

SCP - 1147
등급 : 유클리드
타입 : 생물

SCP-1147은 자두나무로. 1147에서 나온 씨앗을 1147-1이라고 칭한다. 1147-1은 모든 물질에 심을 수 있으며. 심어진 물질의 물리적 속성을 물려받은 자두나무로 자라난다. 이는 고체뿐 아니라 액체에서도 가능하며. 이렇게 만들어진 열매 또한 심어진 물질의 속성과 연관된 속성으로 맺어진다. 그러나 열매 속 1147-1은 속성을 물려받지 않는다. 아래는 1147의 실험 일지 중 일부를 가져온 것이다.

조각낸 흰색 프린터 용지와 물을 섞은 휴지.

결과: 줄기는 한 겹씩 벗길 수 있는 휴지로 이루어짐. 꽃은 다양한 색이 있으며 질감은 휴지와 같음. 향기는 새 책과 유사함.
열매: 섭취할 수 있지만 맛은 없음.

해변에서 얻은 모래

결과: 일반 자두나무에서 색이 옅고, 질감이 거친 자두나무로 자라남. 잎과 꽃은 반투명 유리처럼 무색이고, 향기는 바닷바람과 유사함. 비가 내리자 부서짐.
열매: 만지자 부서진 관계로 섭취 불가.

여과된 물

결과: 줄기는 매끄럽고 투명하며. 만지면 시원함. 잎은 얇고 방수 재질임. 꽃은 향이 없는 수증기를 내뿜음.
열매: 얇은 껍질 안에 약 100mL의 음용수가 있으며, 약간 자두 맛이 남. 씨앗은 안에 떠 있음.

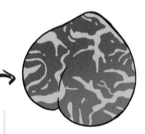

간 소고기

결과: 나무껍질은 소의 살점과 유사하며. 잎 대신 털이 생성되었다. 꽃에서는 어지러운 향기가 남.
열매: 날로 먹자 식중독 걸림. 조리해도 맛은 역겹다고 진술.

▶ **여과하다** 거름종이나 여과기를 써서 액체 속에 들어 있는 침전물이나 입자를 걸러 낸다는 뜻이다. 본문 속 여과된 물은 침전물 따위가 걸러진 깨끗한 물이라는 뜻이다.

▶ **음용수** 마실 수 있는 물이라는 뜻이다. 비슷한 말로는 음수, 음료수가 있다.

1 **SCP-1147에 관한 설명으로 알맞은 것은? (   )**

❶ 1147은 자두나무로, 1147에서 나온 씨앗은 1147-1이라고 칭한다.

❷ 1147-1은 모든 물질에 심을 수 있으며, 심어진 물질과 상관없이 평범한 자두나무로 자라난다.

❸ 1147은 고체 물질에서만 자랄 수 있다.

❹ 해변에서 얻은 모래에서 자라난 1147의 줄기는 무색이다.

❺ 1147의 열매와 열매 속 씨앗은 심어진 물질의 속성을 물려받는다.

2 **다음 설명을 읽고 알맞은 열매를 고르세요. (   )**

고체 물질에 심었어요	꽃에서 향기가 났어요.
잎 대신 털이 나 있어요.	함부로 먹으면 큰일 나요.

❶

❷

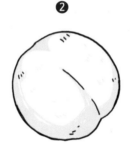

❸

3 **다음 설명 속 1147을 심은 아이는 누구일까요? (   )**

- 줄기와 잎 모두 투명하고 깔끔하다. 충격을 받으면 깨진다.
- 꽃은 연분홍색을 띠며 옅게나마 향기가 난다.
  꽃도 마찬가지로 충격을 받으면 깨진다. 깨지면 날카롭게 조각난다.
- 열매 역시 투명하다. 씨앗을 제외하면 안이 텅 비어 있다. 섭취할 수 없다.
- 잎에 빛을 비추면 무지갯빛을 띤다.

❶ 참나무에 심은 은지

❷ 대리석 벽에 심은 유찬

❸ 거실 소파에 심은 슬기

❹ 바닷물에 심은 경수

❺ 투명한 유리구슬에 심은 무진

SCP-1585는 태평양에 서식하는 거대한 해파리로, 갓처럼 보이는 윗부분을 항상 해수면 위로 내놓는다. 수면 밖으로 드러난 갓의 지름은 412m이며, 촉수는 가장 작은 것의 길이가 2500m이다. 1585의 갓 표면은 딱딱하게 굳어 있어 땅처럼 딛고 설 수 있는데, 이곳에 동식물이 서식하면 불과 몇 세대 만에 새로운 종으로 바뀔 만큼 빠른 진화 속도를 보여 준다. 1585가 갓 부분을 내놓은 채 움직일 수 있다는 점과 생체 나이가 최소 6000년 이상인 것을 미루어 보면, 대상에 서식하는 생물들은 유라시아와 아메리카, 오세아니아 대륙에 살던 동식물의 산물로 추측된다. 이들 생태계는 매우 격렬한 것으로 보이며, 이 점이 진화에도 영향을 미친 것으로 판단된다. 다음은 1585에 서식하는 동식물 중 일부의 관찰 기록을 가져온 것이다.

지정번호: 1585-1

검은 얼굴 팔색조에서 진화한 것으로 보이며, 개미 같은 곤충을 먹는 식성에서 다른 동물의 골수를 먹는 것으로 바뀌었다. 달라진 식성에 맞춰 두개골과 부리가 더 단단해졌고, 빠른 속도를 낼 수 있도록 진화했다.

지정번호: 1585-114

반딧불 오징어에서 진화한 것으로 보이며, 몸통의 껍질이 단단하게 발달하여 모래 속에 파고들기 수월해졌다. 다리를 모래 밖으로 빼내 먹이를 기다리고, 먹이가 지나가면 재빠르게 낚아챈다.

지정번호: 1585-155

바다이구아나에서 진화한 것으로 보인다. 비늘을 깃털 모양으로 발달시켰으며, 깃털과 기다란 앞발을 이용해 활공한다. 활공 이유는 천적으로부터 도망치기 위해서다.

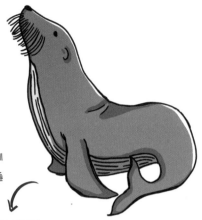

지정번호: 1585-77

말뚝망둥어에서 진화한 것으로 보이며, 일반 개체보다 육지 생활에
익숙하고, 생리와 습성이 '청개구리'와 유사하다. 관찰된 새끼들
은 다른 생물을 모방하는 색과 패턴을 다양하게 보인다.

지정번호: 1585-203

캘리포니아 강치에서 진화한 것으로 보인다. 등 지느러미가 없고
귀가 남아 있는 것을 제외하면 일반 고래의 생리와 거의 동일하다.
육지보다 수중 생활이 더 익숙하며 입 앞부분에 수염고래와 같은
수염이 존재한다.

지정번호: 1585-204   1585-203과 같이
캘리포니아 강치에서 진화한 것으로 보이며, 외뿔고래의
뿔과 유사한 송곳니 2개가 있다. 203과 함께 본래는
같은 종이었더라도 다르게 진화할 수 있음을 시사한다.

지정번호: 1585-304

바다 민달팽이에서 진화한 것으로 보인다. 남달리 발달된
이빨에서는 포식자들의 껍질을 태우기 위한 화학 반응이
일어난다. 문제는 이 화학 반응으로 발생하는 물질이 엄청난
맹독을 띠고 있다는 것이다. 1585-304의 개체수가 늘어나자
해양생물 88%가 멸종하는 일이 벌어졌을 정도다.

▶ **활공하다** 바람이나 양력을 써서 공중에서 지면으로 천천히 하강하는 것, 혹은 새가 날개를 움직이지 않고 나는
　것을 뜻한다. 본문에서는 첫 번째 뜻으로 사용됐다.

▶ **생리** 생물이 생명을 유지하는 여러 가지 현상이나 기능 또는 그 원리, 생활하는 방법을 뜻한다. 보통 방귀,
　트림, 대소변 따위를 에둘러서 '생리 현상'이라고 표현한다.

1 **SCP-1585에 관한 설명으로 알맞은 것은? (　　)**

❶ 1585는 거대 해파리로, 대서양에 서식한다.

❷ 1585의 갓은 일정 주기에 맞춰 해수면 위로 떠오른다.

❸ 1585의 갓에는 고대에 서식하던 동물들이 그대로 서식하고 있다.

❹ 1585-1은 검은 얼굴 팔색조에서 진화한 것이며, 개미의 골수를 뽑아먹기 좋게 진화했다.

❺ 1585의 나이는 최소 6000살 이상이다.

2 **다음 지정 번호를 보고, 알맞은 신체 부위와 짝지어 주세요.**

| ❶ SCP-1585-155 | ❷ SCP-1585-204 | ❸ SCP-1585-304 |

ⓐ

ⓑ

ⓒ

3 **다음 아이 중, 틀리게 설명하는 아이는? (　　)**

❶ 광일: 1585는 최소 6000살 먹은 해파리야.

❷ 두영: 1585-1은 달라진 식성으로 두개골과 부리가 발달했어.

❸ 삼식: 1585-304는 민달팽이에서 진화했어.

❹ 재윤: 1585-155는 깃털을 이용해 안전하게 떨어져.

❺ 민경: 1585-77은 청개구리처럼 행동해!

4 다음 문장 속 빈칸에 알맞은 단어를 골라 주세요. (   )

패러글라이딩은 낙하산을 날개처럼 만들어 (   )하는 스포츠다.
간혹 엔진을 달기도 하지만, 일반적으로 엔진을 달지 않고 순수하게 바람의 힘으로만 (   )한다.
대부분 높은 곳에 올라가 패러글라이딩을 시도하며, 무엇보다도 우선시되는 일은 안전하게 지면에
착지하는 것이다.

❶ 비상   ❷ 활공   ❸ 상승   ❹ 추격   ❺ 활성

5 다음 그림에서 1585-1을 찾아 동그라미를 그려 주세요.

6 다음 문장을 읽고, 빈칸에 정답을 적어 주세요.

세계에는 다섯 개의 큰 바다가 있습니다. 유럽, 아프리카와 아메리카 대륙 사이에 있는 대서양, 인도와
아프리카, 오스트레일리아 사이에 있는 인도양, 북극에 있는 북극해와 남극에 있는 남극해. 그리고
(   )! 유라시아와 아메리카, 오세아니아 사이에 위치한 이 바다는 무엇일까요?

정답 : _____

면담 기록 | 월법사

SCP - 2686
등급 : 유클리드
타입 : 생물

SCP-2686은 현재 달 표면에 거주하고 있는 약 75세의 인간 남성이다. 그가 거주하는 구역은 (SCP-2686-1) 반경 45m의 **구형** 공간으로. 이 공간은 지구의 대기와 동일한 것으로 추측된다. 2686-1은 외부와 단절되어 있으며. 그쪽으로 진입하는 물체는 즉시 반대편 공간으로 넘어간다. 2686은 청색과 녹색의 거친 로브를 걸치고 회색 나이트캡 모자를 쓰고 있으며. 85~90cm의 참나무 조각을 지팡이처럼 사용한다. 2686을 지구로 데려오는 시도는 전부 실패했으므로 현재로서는 지구에서의 격리는 불가능하다. 아래는 2686과의 면담 내용을 정리한 것이다.

박사 안녕하세요, 어르신. 성함을 여쭈어도 될까요?

2686 나는 위대한 마법사 뉘페리우스! 머리 위 달과 별들의 주인이라네!

박사 알겠습니다. 그럼 어떻게 해서 여기에 살게 되신 건지 설명해 주실 수 있으신가요?

2686 감히 내게 질문을 하는 것이냐, 필멸의 존재야?

박사 말씀해 주기 싫으시다면 안 해 주셔도 전혀 문제없습니다. 그러면...

2686 잠깐만, 잠깐만. 그냥 그렇게 포기하는 건가? 내 고대의 지혜를 나눠 주십사 청하고 싶지도 않아? 어쩌면 별들의 비밀이나 자네의 미래에 관해서 알려 줄 수도 있는데? 나는 이 땅에 거의 삼백 년을 내리 살았고, 매일매일 힘을 길러 가고 있다고!

박사 그렇습니까? 그 시간 동안 얼마나 많은 사람이 이곳을 다녀갔습니까?

2686 에, 그게, 보다시피 그게 문제야. 아직 한 명도 못 왔거든. 사실, 자네가 처음일세.

박사 그러면 차라리 돌아가시는 게 어때요? 여기 계속 있으셨다가는 아무도 못 찾아올 것 같습니다. 안 그런가요? 너무 외딴곳이라고 생각지 않으세요?

2686 그렇긴 한데, 내가 사실 달의 월법사거든. 그러니까 내 힘은 달빛의 은총을 받는 거지. 그리고 우린 지금 달 그 자체에 있고 말이야.

박사 알겠습니다.

2686 그런데 생각해 보면 여기선 달빛이 안 보인단 말이지.

박사 흠음. (들고 있던 서류 종이에 '**등잔 밑이 어둡다**'라고 쓴다.)

▶ **구형** 공처럼 동그란 모양을 말한다. 이외에도 '검사가 판사에게 피고의 형벌을 구하는 일', '오래된 모양 및 형식'이라는 뜻으로도 쓰이지만, 본문에서는 동그란 모양을 말하기 위해 쓰였다.

▶ **등잔 밑이 어둡다** 가까이에 있는 걸 못 찾을 때 쓰는 속담. 비슷한 속담으로 '등잔 뒤가 밝다'가 있다.

1 SCP-2686에 관한 설명으로 알맞은 것은? (   )

❶ 2686은 현재 화성 표면에 거주하고 있는 인간 남성이다.

❷ 그가 거주하는 공간은 2686-1로 지정하고 있으며, 반경 35m의 구형 공간이다.

❸ 2686의 이름은 '뉘페리우스'다.

❹ 현재 2686을 지구로 데려올 순 있지만, 2686의 부탁으로 달에 두고 있다.

❺ 2686은 소나무 조각을 지팡이처럼 사용한다.

2 다음 중 2686의 인상착의로 옳은 것은? (   )

❶   ❷   ❸

3 다음 아이 중, 2686과 같은 처지에 있는 아이는 누구일까요? (   )

❶ 친구와 통화하던 중에 휴대폰을 찾으러 돌아다니는 유정

❷ 친구와 농구를 하다 농구 골대에 공이 걸려 버린 지훈

❸ 늦잠을 자 버려 후다닥 등교 준비를 하는 수빈

❹ 친구들과 협동 게임을 하다 마지막 순간에 실수해 버린 태영

❺ 늦은 밤, 아빠 몰래 게임을 하다 걸려 버린 도현

설명글 " 빗방울

SCP - 749
등급 : 안전
타입 : 생물

SCP-749는 **다족류** 동물을 닮은 포식자이다. 몸길이는 평균 3m이며 다리는 200~300쌍 정도가 돋아나 있다. 주로 비바람이 몰아칠 때 사냥하는 경향을 보이는데, 이는 749의 사냥 방식이 비바람 소리에 특화되어 있기 때문이다.

749는 스스로 몸의 색을 변화시켜 주변의 무늬를 모방할 수 있어서, 들키지 않고 먹잇감에 다가갈 수 있다. 또한 발소리를 빗방울이 떨어지는 소리와 흡사하게 모방할 수 있어, 먹잇감의 방심을 유도한다. 게다가 발톱에 있는 부식을 유발하는 독을 통해 나무는 물론, 도심의 콘크리트, 유리창도 뚫어 버릴 수 있기 때문에 인간이 세운 구조물에도 쉽게 들어갈 수 있다. 여기서 749의 위험성이 드러난다.

749는 70kg 이상의 포유류를 사냥한다. 749는 앞서 말한 능력을 먹잇감을 사냥하는 데 유감 없이 사용하는데, 문제는 그 대상에 인간도 포함돼 있다는 것이다. 그래서 담당 연구진은 749의 약점을 파악해, 야생 749들이 인간을 공격하지 못하게 만들 방법을 우선적으로 연구하고 있다.

현재 격리된 749에게는 일정 주기마다 먹이를 주는 것으로 탈출을 방지하고 있다. 먹이를 줄 때는 격리 공간 천장에 설치한 스프링클러를 켜 물을 뿌리고 먹이를 안으로 들여보낸다. 스프링클러는 한 시간 이상 틀어 놓아야 하며, 먹이는 5일에 한 번. 먹이를 주는 도중에는 인원의 출입을 금지하고 있다.

식사를 마친 것이 확인되면, 스프링클러를 끄고 전신을 무장한 경비대원 3명을 투입해 먹이 활동의 종료를 확인한다. 이때 혹시 모를 상황에 대비해 살충제를 채운 분사기를 가지고 있어야 하며, 확인이 마무리되면 먹이의 잔여물을 가져온다.

지금까지 포획 및 사살한 749는 대부분 도시 외곽의 폐가, 혹은 공사장에서 발견되었으며, 주로 아치 형태의 건물에 많이 발견되었다. 이런 점에 착안해 현재 격리 공간과 주변 시설은 천장이 각지도록 재설계했으며, 추가로 전기 철조망까지 설치해 탈출을 미연에 방지하고 있다. 최근 연구원들 사이에서 749의 독을 채취해 실험해 보자는 제안이 있지만, 채취 작업의 위험성과 더불어 749의 독이 그런 위험을 감수할 만큼 강력한지에 대해선 **갑론을박**이 이어지고 있다.

▶ **다족류** 다지류라고도 불린다. 주로 지네, 노래기 같은 동물을 분류하는 총칭이다.
▶ **갑론을박** 다수의 사람이 자기의 의견을 내세우며 타인의 의견을 반박한다는 뜻이다.

1 SCP-749에 관한 설명으로 옳은 것은? (　　)

❶ 749는 다족류 동물을 닮은 포식자로, 몸길이는 평균 2m이다.

❷ 749는 비바람이 몰아칠 때 사냥하는 경향을 보인다. 그 이유는 749가 비 맞는 걸 좋아하기 때문이다.

❸ 749의 다리는 100쌍이다.

❹ 749의 발톱에는 부식을 유발하는 독이 있다.

❺ 현재 749는 격리된 개체가 전부다.

2 야생의 749를 잡으러 가고 있습니다. 네 곳 중 야생의 749가 있을 확률이 가장 높은 곳은? (　　)

❶

❷

❸

❹

3 다음 중, 749가 좋아하는 소리를 가장 잘 설명한 아이는? (　　)

❶ 민수: 접시를 들고 가다가 그만 쨍그랑! 깨트리고 말았어.

❷ 찬혁: 오늘 아침에 쏴아아~ 하는 소리에 깼어. 비가 오고 있더라고.

❸ 종원: 윗집에 사는 아이들이 쿵쾅쿵쾅! 너무 시끄럽게 돌아다니는 바람에, 잠을 설쳤어.

❹ 미희: 이번에 새로 생긴 독서실 가 봤는데, 사각사각 소리만 들리고 너무 조용하더라고.

❺ 윤성: 가족 여행을 가는 길이었는데, 운전하던 아버지가 빵빵~! 경적을 울리시더라고.

대노한 시리얼 상자

SCP-3671은 표준적인 크기의 평범해 보이는 시리얼 상자다. 매일 현지 시각 오전 6시 30분이 되면 상자 안에 특정 물체들이 담긴 비닐봉지가 나타난다. 그 전날의 비닐봉지를 꺼내지 않았을 경우에는 새로운 내용물이 담긴 비닐봉지가 나타난다. 또한 새로 나타난 내용물에 맞게 상자 포장재의 내용도 바뀐다. 포장재의 내용은 주로 내용물을 홍보하는 문구이며, 내용물 또한 일반 시리얼의 성분을 가지고 있다.

3671은 제19 기지 휴게실 선반에 보관한다. 3671 담당 연구원이 아니라도 3671을 자유롭게 시식할 수 있는데, 대신 포장재 문구와 내용물을 촬영해서 담당 연구원에게 제출해야 한다. 다음은 3671에 관한 실험 기록이다.

3671 실험 기록

날짜 : 2018-02-22
피험자: 제임스 연구원
문구: ~~스트로베리 스퀘어스~~ ----→
내용물: 사각형으로 가공된 밀알 조각들.
분홍색에 딸기 맛.
특이 사항: 없음.

날짜 : 2018-03-05
피험자: 톰 연구원
문구: ~~베이컨 블라스트~~ - - - →
내용물: 베이컨 맛 콘 버프. 기존 시리얼과는
맛이 다르지만 크게 벗어나진 않음.
특이 사항: 없음.

날짜 : 2018-03-12
피험자: 프랭크 라이트 박사
문구: 초코청크
내용물: 밀크초콜릿으로 코팅된 그래놀라 조각들.
특이 사항: 실험 중 박사가 비닐봉지를 꺼내다 상자 일부를 찢음.
사건 발생 후 3671은 박사에 의해 원래 있던 선반에 보관됨.

2018년 3월 12일에 발생한 특이사항 이후, 3671에 큰 변화가 발생했다. 아래 실험 기록은 일부를 가져온 것이다.

날짜 : 2018-03-13

피험자: 크림슨 연구원

문구: 이 배은망덕한 놈들아.

내가 매일 시리얼을 줬는데 나한테 이런 짓을 해?

내용물: 면도날.

특이 사항: 3671의 변화가 보고된 첫 사례. 대상에게는 지성과
더불어 주변 환경을 인식할 수 있는 능력이 있는 것으로 추측됨.

날짜 : 2018-03-15

피험자: 드미트리 박사

문구: 진심 너희는 쓰레기들이야. 최소한 사과라도 했어야지.

내용물: 갖은 시침 핀과 압정들.

특이 사항: 전과 같은 사례. 3671의 능력을 더 알아볼 좋은 기회라 판단,
현 상태를 유지하기로 함.

날짜: 2018-03-25

피험자: 프랭크 라이트 박사

문구: 좋아. 더 이상 너희한테 악쓰기도 지쳤어. 실수는 언제나 할 수
있는 거지. 안 할 수도 있었겠지만. 다시 친구가 되는 게 어때?

내용물: 콘플레이크.

성분 조사 결과, 치사량의 청산가리가 함유된 것이 확인됨.

특이 사항: 프랭크 박사가 앞으로 3671을 이용하지 않겠다고 요청함.
해당 요청은 기각되었다.

날짜: 2018-04-02

피험자: 프랭크 라이트 박사

문구: 널 죽여 버릴 거야. 넌 내게 한 짓의 대가를 치르게 될 거야.
지금 손이 발이 되도록 빌어도 이미 늦었어. 기다리라고.

내용물: 사람의 이빨. 조사 결과, 프랭크 박사의 것과 일치함.

특이 사항: 박사는 경호를 요청했다.

하지만 3671이 실제로 박사를 죽이기에는 다소 무리가 있어 보인다.

　　이후 3671은 휴게실 선반에서 중급 보안 보관함에 보관되고 있다. 담당 연구원의 허가를 받은 인원만
접촉할 수 있으며, 문구와 내용물 촬영은 변함없이 진행되지만. 취식은 최대한 금하고 있다.

▶ **배은망덕** 은혜를 잊고 배신을 한다는 뜻의 사자성어. 반대의 뜻을 가진 사자성어로는 결초보은이 있다.

▶ **손이 발이 되도록 빌다** 허물이나 잘못을 용서해 달라고 간절히 빈다는 걸 비유한 관용어.

1 SCP-3671에 관한 설명으로 옳은 것은? (　　)

❶ 3671은 표준적인 크기의 평범해 보이는 장난감 상자다.

❷ 3671은 매일 오전 6시 30분이 되면 특정 물체가 담긴 비닐봉지를 생산한다.

❸ 3671이 만들어 낸 시리얼은 다 먹을 수 있는 시리얼이다.

❹ 3671의 겉면과는 별개로, 내용물은 매일 달라진다.

❺ 3671은 제임스 연구원과의 실험 이후로 달라졌다.

2 다음은 3671의 모습들입니다. 설명문을 읽고 알맞은 모습을 골라 주세요. (　　)

- **피험자:** 프랭크 라이트 박사
- **문구:** 널 죽여 버릴 거야. 넌 내게 한 짓의 대가를 치르게 될 거야. 지금 손이 발이 되도록 빌어도 이미 늦었어, 기다리라고.
- **내용물:** 사람의 이빨. 조사 결과 프랭크 박사의 것과 일치함.

❶　　　　　　　　　　❷　　　　　　　　　　❸

3 다음 중 3671이 말했던 사자성어를 적절하게 사용하는 사람은? (　　)

❶ 근태: 예습과 복습을 열심히 했더니, 이번 시험을 잘 봤어. 정말 배은망덕한 일이야!

❷ 희수: 내 동생 있잖아. 맨날 사고 치고 다니더니, 이젠 정신 차리고 공부하더라? 배은망덕한 거지.

❸ 나연: 내 동생 효은이랑 효은이 친구 수영이. 나란히 감기 걸리고 왔더라? 끼리끼리 논다더니, 아주 배은망덕이야.

❹ 병민: 우리 집 강아지 초코. 내가 걔한테 밥도 주고 그랬는데 날 물었어. 이거 완전 배은망덕 아니냐?

❺ 용주: 많으면 많을수록 좋지! 배은망덕이잖아!

4 3671의 규칙을 수정하던 도중, 바뀌기 전 문장과 바뀐 문장이 섞였습니다. 보기 중 바뀐 문장을 모두 골라 주세요. (   )

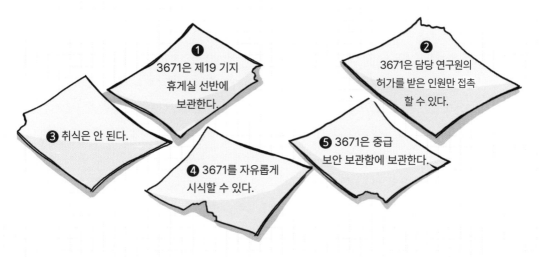

❶ 3671은 제19 기지 휴게실 선반에 보관한다.

❷ 3671은 담당 연구원의 허가를 받은 인원만 접촉할 수 있다.

❸ 취식은 안 된다.

❹ 3671를 자유롭게 시식할 수 있다.

❺ 3671은 중급 보안 보관함에 보관한다.

5 다음은 3671의 모습입니다. 포장 상자와 당시 피험자의 진술을 보고 실험 날짜를 적어 주세요.

문구부터가 맛있어 보였습니다. 제가 초콜릿은 다 좋아하거든요. 그래서 급하게 꺼내다가 그만, 3671을 조금 찢고 말았지 뭐예요? 그때 바로 사과했어야 했는데...

날짜 : _____

6 훗날, 결국 프랭크 박사는 3671 앞에서 '이것'을 했다고 합니다. 허물이나 잘못을 용서해 달라고 간절히 비는 것을 비유한 '이것'은 무엇일까요?

정답 : _____

SCP - 073
등급 : 유클리드
타입 : 생물

　　SCP-073은 검게 탄 피부를 가진 30대 초반의 아랍계, 혹은 중동계 남성으로 보인다. 키는 183cm, 몸무게는 75kg이며, 검은 머리와 푸른 눈을 가지고 있고, 자신을 '카인'이라고 소개한다. 대체로 모든 사람에게 공손하고 어떤 부탁도 들어줄 만큼 친절하지만, 간혹 073도 들어주지 못하는 것이 있다. 그중 대표적인 것이 신체의 비밀에 관한 것이다. 카인의 이마에는 수메르어로 보이는 문양이 하나 새겨져 있고, 팔, 다리, 척추, 견갑골은 정체불명의 금속으로 이루어진 인공품으로 대체되어 있다. 이것이 언제, 왜, 어떻게 교체되었는지 물어보았지만, 073은 이에 대해 잘 모른다고 답변할 뿐이었다. 그래서 073에게 양해를 구하고 그의 혈액과 피부를 채취한 적이 있었는데, 이 시도는 073의 또 다른 능력으로 인해 실패하고 말았다.

　　073은 자신에게 행해진 폭력을 공격자에게 되돌려 주는, 완전 반사의 능력을 갖추고 있다. 여기서 말하는 폭력이란, 073에 대한 모든 손상을 의미한다. 이 능력은 073의 의사와는 무관한 것으로 보인다. 또 다른 능력은 황폐화가 있는데, 그가 밟는 땅은 황무지가 되며, 그를 중심으로 20m 이내에 있는 식물 혹은 식물로 만들어진 모든 것들이 즉시 썩어 분해되고 만다. 이 때문에 073을 향한 폭력은 물론 작은 접촉도 **지양**해야 하며, 073의 식단은 오로지 육류로만 구성해야 한다.

　　이 외에도 073은 고대부터 현대까지의 역사에 관해 방대한 지식을 가지고 있으며, 한 번 본 건 잊어버리지 않는 완전 기억 능력 또한 가지고 있는 것이 확인되었다. 이 능력을 이용해 재단은 073에게 재단의 정보를 기록하는 작업을 진행하고 있다. 아래는 그 과정 중 연구원과 나눈 대화를 녹화한 것이다.

17기지 속 기록열람실

카인, 정말 그 많은 걸 다 기억하시나요?

그럼, 물론이죠.

전에 봤잖아요. 제가 1분 30초 만에 800페이지짜리 사전을 통째로 외워 버린걸.

예, 봤죠. 그런데도 신기한 건 어쩔 수 없나 봐요.

▶ **지양, 지양하다** 더 높은 단계로 오르기 위하여 어떠한 것을 하지 않는 것을 뜻한다. 다른 말로 '피하다', '하지 않다.'로 바꿀 수 있다.

▶ **모르는 게 약** 비참하거나 끔찍한 사실 등은 아는 것보다 차라리 모르는 게 낫다는 뜻이다. 반대로 '아는 것이 힘이다.'라는 속담도 존재한다.

SCP - 076
등급 : 케테르
타입 : 물체, 생물

　　SCP-076은 19세기 몽골에서 발견되었으며, 각 변이 3m인 정육면체 큐브와 그 내부에서 등장하는 인간형 개체로 분류한다. 각각 076-1과 076-2라는 번호를 부여했지만, 076-2가 자신을 '아벨'이라고 소개했으므로 아벨이라고도 부른다.

　　076-1의 표면에는 어떤 문명의 것과도 일치하지 않는 양식의 문양이 새겨져 있다. 측정 결과, 이 물체는 약 10000년의 세월을 견딘 것으로 확인됐다. 아벨은 20대 후반의 셈족 남성으로 측정 되며, 머리는 검은색이며 눈은 회색, 피부는 올리브색이다. 키는 196cm이고 몸무게는 81.65kg 이다.

　　아벨이 076-1 밖으로 나와 살아 있는 인간과 접촉하면 극심한 분노 상태에 빠지곤 주변의 모든 인간을 죽인다. 이때 초인적인 괴력과 속도, 허공에서부터 무기를 소환하는 아벨의 능력이 발휘된다. 아벨이 소환한 무기는 검과 창 같은 날붙이이며, 하나같이 검은색을 띤다. 아벨은 이 능력 들을 학살에 사용하기 때문에 무기가 어떤 성분인지, 어떤 방법으로 소환하는지에 대해선 알 수 없다. 해당 무기들은 아벨의 손을 떠나면 급속도로 사라지는 바람에 잔여물조차 확보하지 못하고 있다.

　　이런 아벨도 사망에 이를 수 있으나, 사망한 아벨의 유해는 급속히 썩어 들어가며, 076-1 큐브 에서 최소 6시간, 최장 25년에 걸쳐 재생성되는 모습을 보인다.

　　이런 호전성을 통제하고자 아벨을 재단의 군인으로 배치한 적도 있었으나, 다른 개체를 확보하는 중에도 인간을 학살하는 모습을 보여 해당 프로젝트는 폐기되었고, 다시 아벨을 빠르게 처치하는 것 으로 격리 조치를 수정했다. 다음은 아벨에게 073의 이마 문양을 보여 준 이후, 인간을 학살하고 073과 만났을 때의 모습을 녹화한 것이다.

17기지 복도

아벨, 결국은 이렇게 만나게 됐구나.

닥쳐! 그 입을 찢어 버리겠어!

왜 날 찾아왔지? 우리 둘은 아버지한테서 죽음을 빼앗겼는데? 이렇게 찾아와도, 날 죽이진 못한단 말이다.

▶ **쇠귀에 경 읽기** 아무리 가르치고 일러 주어도 그 뜻을 제대로 헤아리지 못하는 사람을 두고 하는 말이다. 같은 의미의 속담으로는 '말 귀에 염불', '쇠귀에 염불' 등이 있다.

▶ **자업자득** 자기가 저지른 일의 결과를 스스로가 돌려받는다는 뜻의 사자성어다.

1 SCP-073과 SCP-076에 관한 설명으로 옳은 것은? ( )

❶ 073은 인간형 개체로, 이름은 '아벨'이다.

❷ 076은 076-1과 076-2로 분류되며, 인간형 개체는 076-1이다.

❸ 073의 인공 팔은 073이 직접 만들었다.

❹ 076-1은 측정 결과, 약 10000년의 세월을 견딘 것으로 확인됐다.

❺ 073의 식단이 육식만으로 구성된 이유는 073의 취향을 반영한 것이다.

2 다음 설명을 읽어 보고, 빈칸에 알맞은 단어를 골라 주세요. ( )

안녕하십니까? SCP 재단에서 ( )을 담당하는 조나단입니다.
저는 사무실에 오면 가장 먼저 개체의 활동을 확인합니다. 간밤에 이상한 일이 일어나진 않았는지, 개체를 주의 깊게 살펴야만 하죠. 만약 평소와 다르다? 문이 열려 있다? 그럼 무조건 대피해야 합니다. 제가 담당한 개체는 인간을 극도로 싫어하거든요. 그래서 저는 이 개체를 아직 한 번도 보지 못했습니다. 이 얘기를 다른 기지의 직원들한테 말하면, 처음엔 이해하지 못합니다. 하지만 제가 담당하는 개체를 말하면 단번에 이해하더라고요. 지금까지 살아 있는 게 천만다행이라면서, 저를 위해 기도해 주기까지 합니다. 부디, 제가 여기 있는 동안에는 제 개체가 깨어나지 않았으면 좋겠습니다.

❶ SCP-137 [진짜 장난감]

❷ SCP-2686 [월법사]

❸ SCP-1370 [성가신 봇]

❹ SCP-073 [카인]

❺ SCP-076 [아벨]

3 다음 중, '자업자득'이란 사자성어를 올바르게 사용한 아이는? ( )

❶ 유경: 우와! 1+1 상품이야. 완전 자업자득인데?

❷ 상수: 민수는 참 자업자득이야. 자기가 잘못해 놓고 사과도 안 해!

❸ 명길: 정말 자업자득한걸? 이 경기가 어떻게 흘러갈지 모르겠어!

❹ 지훈: 이 소설 주인공은 마지막에 자기가 했던 악행을 고스란히 되돌려받아. 자업자득이지.

❺ 요원: 앞에도 적, 뒤에도 적. 이거 자업자득이구나!

4 다음 중 카인과 아벨의 특징들을 알맞게 나눠 주세요.

> ❶ 탄 피부를 가졌다.
> ❷ 머리는 검은색이며, 눈은 회색이다.
> ❸ 키는 196cm다.
> ❹ 허공에서 무기를 소환한다.
> ❺ 팔이 금속으로 이루어진 인공품으로 대체되어 있다.
> ❻ 이마에 문양이 하나 새겨져 있다.

카인 : (　　　　　) 　 아벨 : (　　　　　)

5 다음 그림에서 이상한 점을 골라 적어 주세요.

6 카인은 아벨을 만나기 전, 아벨을 만나기 꺼리면서 '이 말'을 했습니다. '이 말'을 한 이유를 골라 주세요. (　　　)

❶ 아는 것이 힘 - 아벨이 자신을 싫어해서

❷ 아는 것이 힘 - 아벨이 자신을 피해서

❸ 모르는 게 약 - 아벨이 자신을 싫어해서

❹ 모르는 게 약 - 아벨이 자신을 좋아해서

❺ 모르는 게 약 - 자기가 아벨을 싫어해서

SCP 격리 등급 안내문

SCP 재단은 수많은 초현실적 존재들을 다루고 있습니다.

그 과정에서 개체의 위험도와 관리 방법의 난이도, 변칙성 등을 따져 격리 등급을 분류하고, 관찰 및 실험을 통해 조정하기도 합니다.

이번 시간에는 가장 기본적인 네 가지 등급을 배울 겁니다.

바로 '안전', '유클리드', '케테르', 그리고 '무효' 등급입니다.

먼저 무효는, 더 이상 변칙적이지 않거나, 파괴되어 무력화된 SCP에게 주는 등급입니다.

그다음 격리 조건이 없거나 관리가 쉬운 개체에게 주는 '안전' 등급.

격리 조건에 많은 자원이 필요하고, 격리 실패 시 전투 요원을 투입하는 개체에게 주는 '유클리드'.

그런 유클리드보다 더 높은 격리 조건으로, 더 많은 자원과 절차가 필요하며 간혹 격리 자체가 불가능한 개체에게 주는 '케테르' 등급이 있습니다.

▶ **무력화** 힘이 없거나 정상적인 능력을 발휘할 수 없게 만드는 것. 또는 그렇게 된 상태를 말한다.

▶ **기밀** 외부에 드러내서는 안 될 중요한 비밀이란 뜻이다.

1 다음 중 옳지 않은 것은 무엇일까요? ( )

❶ SCP재단은 격리하는 개체의 위험도와 관리 방법의 난이도, 변칙성 등을 따져 격리 등급을 분류한다.

❷ 기본적으로 등급은 4개로 나뉘어 있다.

❸ '무효' 등급은 더 이상 변칙적이지 않은 개체에게 주는 등급이다.

❹ '안전' 등급은 격리 조건이 없거나 관리가 쉬운 개체에게 주는 등급이다.

❺ 재단의 모든 개체는 4가지 등급으로 나뉘어 있다.

2 다음 설명을 보고, 글에서 설명하는 등급이 무엇인지 적어 주세요.

- 격리 조건에 많은 자원이 필요합니다.
- 격리에 실패하면 전투가 일어날 수도 있습니다.
- 그래도 격리 자체가 불가능하진 않습니다.
- SCP-073[카인], SCP-049[흑사병 의사] 같은 개체들이 이 등급입니다.

등급 : _____

3 다음 중 '무효' 등급에 적절한 것은 무엇일까요? ( )

❶
수조에서 회복하고 있는 SCP-682

❷
더 이상 효과를 보여 주지 않는
SCP-2741

❸
여전히 사람들을 좋아하는 SCP-999

4 다음 중, 본문 내용을 바르게 이해한 아이는 누구일까요? (   )

❶ 가영: SCP재단의 격리 등급은 한 번 정해지면 바꿀 수 없을 만큼 중요한 거야.

❷ 유화: 등급은 무효, 안전, 유클리드, 케테르, 타우미엘이 있어.

❸ 동식: 무효 등급은 격리할 수 없는 개체에게 주는 등급이야. 격리할 수 없으니 등급을 줘도 무효
라는 뜻이지.

❹ 라희: 안전 등급은 말 그대로 안전하다는 뜻이야. 그러니 아무나 가지고 놀아도 상관없어.

❺ 지수: 케테르 등급은 유클리드 등급보다 더 많은 자원과 절차가 필요할 뿐, 결국은 격리가 되는
등급이야.

5 다음 SCP의 설명을 보고, 해당 개체의 등급이 무엇일지 적어 주세요.

- SCP-085 [손으로 그린 '캐시']
- 종이 속에 들어가 있으며 다른 종이로 옮겨갈 수 있다.
- 자신이 종이 속 존재라는 걸 알고 있으며,
  격리 조건은 085 주변에 종이를 두지 않으면 된다.
- 격리 실패 사례는 아직 존재하지 않으며,
  재단 사람들과 친하게 지내고 있다.

등급 : _____

6 설명글의 '무력화'에서 무는 '없을 무(無)'를 씁니다. 다른 의미로 '무'가 사용된 문장은? (   )

❶ 희은: 내가 너한테 사준 햄버거만 <u>무려</u> 10개야!

❷ 준기: 이 무기를 얻었으니까, 난 <u>무적</u>이다!

❸ 승환: 이 <u>무인도</u>에는 전설이 하나 있대. 들어볼래?

❹ 종민: 더 이상 말로 안 된다면, <u>무력</u>을 쓸 수밖에!

❺ 가윤: 걘 나한테 관심이 없어. 완전 <u>무관심</u>하다고.

SCP-2191은 루마니아 산림에 있는 사원이다. 이곳을 탐사하기 위해 난 전투 부대원 12명과 탐사팀을 꾸려 사원 안으로 들어갔다. 이건 그 탐사에 대한 기록문이다.

지상 1층
평범한 동방 정교회의 사원이다. 건축물의 상태가 좋다는 것 빼곤 별다른 점은 없는 것으로 보인다.

지상 2층
사원의 2층. 주교와 믿음 깊은 신도들의 주거 공간으로 구성되어 있다. 별다른 점은 없다. 다만 너무 깨끗하다는 점이 조금 걸린다.

첫 2개의 층은 일반적으로 보이는 동방 정교회 수도원 모습을 가지고 있다. 하지만 수색 결과 주교의 방에서 지하로 내려가는 계단을 발견했고. 탐사팀 중 3명은 지상 1층을. 2명은 지상 2층을 경계하기로 하고. 나를 포함한 나머지 탐사팀은 비밀 계단을 통해 내려가 보기로 했다.

지하 1층
지상 1층을 거치지 않고 내려간 지하층. 벽의 무늬, 바닥의 재질, 구석에 버려진 잡동사니들을 보아 지상의 건축 양식과는 다른 것을 확인할 수 있었다. 적어도 지상의 건축과는 2000년 앞서는 것으로 보아, 이 지하층이 먼저 만들어졌고, 이것을 감추기 위해 지상의 수도원을 만든 것으로 보인다. 부대원 3명을 남기고 아래층으로 내려간다.

지하 2층
지하 1층과 동일한 연도의 것으로 보이는 지하층. 2열로 정렬한 돌기둥과 바닥의 카펫, 카펫 상단에 놓인 대리석 **제단**을 보아하니 이곳은 어떤 종교의 예배당으로 보인다. 대리석 제단에는 피가 잔뜩 묻어 있었는데, 이것을 채취해 유전자 검사를 해 본 결과, 이 지역 일대에서 실종된 사람들의 유전자가 검출되었다. 이것은 이 제단이 근방에서 일어났던 크고 작은 실종 사건과 밀접한 관계라는 확실한 증거가 된다.

그렇게 한창 조사가 이루어진 가운데. 제단 뒤쪽 바닥에서 아래로 내려가는 계단을 발견했다. 사실 계단이라기보다는 묻혀 있던 돌들이 층층이 드러난 것에 가까웠다.

부대원 중 한 명이 이곳에 손전등을 비춘 순간. 손전등을 비춘 부대원과 나. 부대장은 확실히 봤다. 인간형으로 보인 뭔가가 빛에 놀라 아래로 달아나는걸.

그것은 이미 아래로 사라졌고. 난 그것의 이목구비를 기억하던 중. 다른 부대원에게서 한 보고를 받았다. 우리가 고대 양식이라고 알고 있었던 기둥의 무늬가. 사실은 애벌레 형태의 생명체였다는 것.

더는 지체할 시간이 없어 인원을 분배하기로 했다. 하지만 2층에 남겠다고 한 인원이 없어 결국 다 같이 돌계단을 통해 아래층으로 내려갔다.

지하 3층

인공적으로 만들어진 동굴. 지하 2층보다도 더 오래전인 기원전 4800년에 만들어진 것으로 확인됐고, 이곳에서 아까 놓쳤던 '그것'을 확보할 수 있었다.

그것은 2191 아래에 서식하는 생물체로, 인간처럼 2개의 팔, 2개의 다리가 있었다. 그렇게 우리가 현장에서 해당 개체의 명칭을 2191-1로 지정하던 그때, 손전등을 더 비춰 보던 부대원의 고함으로 우리는 스스로 지옥에 들어왔다는 것을 깨달았다. 지하 3층은 동굴이 아니었다. 거대한 무언가가 땅을 뚫고 지나간 길이었다. 그리고 그것은 2191-1들을 기르고 있었고, 부대원의 실수로 그것들이 깨어나고 말았다.

결국 우리 부대장의 지시와 함께 총기를 발포했다. 다행히 2191-1의 내구력은 인간과 비슷했지만, 그것의 수는 우리의 화력이 감당하기엔 너무 거대했다. 부대장의 신속한 구조 요청과 다른 부대원의 빠른 투입이 아니었으면, 우린 전부 다 죽었을 것이다. 우린 무사히 2191-1를 확보하는 데 성공했고, 즉시 부검을 실행했다.

SCP-2191-1은 신체가 심하게 변이된 인간형 변칙 개체다. 눈은 퇴화하여 빛에 반응하는 것 정도만 가능하고, 양쪽 손목에 돋아난 독 가시를 통해 사냥감을 마비시키는 것으로 판단된다. 이들이 사냥하는 것은 인간으로 보이는데, 놀랍게도 이들에게서는 인간의 유전자가 검출되었다. 원래 인간이었으나 알 수 없는 방법으로 변이된 것으로 보인다. 2191-1을 검사하던 중 또 다른 생명체를 발견했다. 바로 2191-2A다. 2191-2A는 거머리 형태의 생명체로, 2191-1의 입속에 서식하고 있었다. 조사 결과, 2191-1이 사냥감을 삼키면 2191-2A가 사냥감을 녹여 양분을 섭취하는 것으로 판단된다. 또한 2191-1의 체내에서는 지하 2층에서 발견한 애벌레를 찾아 볼 수 있었다. 이것을 2191-2B로 지정한다.

이 2191-1을 확보하기 위해, 우린 부대원 3명과 부대원 게리의 오른팔, 부대장 고일의 왼발을 잃어야 했다. 단순한 탐사에서 시작한 작전이 괴물 확보까지 이어졌으니, **우여곡절**이 많은 밤이었다.

일단 지금까지 알게 된 것은 여기까지다. 하지만 추가 연구진이 오고, 조사가 진행되면 더 많은 진실이 밝혀질 것이다. 필요하다면, 저 지옥으로 또 들어가야겠지.

▶ **제단** 신이나 정령 같은 존재에게 종교 의식을 행하기 위한 설치물을 말한다. 우리나라의 단군신화부터 기독교, 불교 등 다양한 종교에서 이런 구조물을 볼 수 있다.

▶ **우여곡절** '뒤얽혀 복잡해진 사정'이라는 뜻의 사자성어로, 주로 '우여곡절을 겪는다.'라고 쓴다.

1 다음 중 탐사 기록에 관한 설명으로 옳지 않은 것은? (　　　)

❶ SCP-2191은 루마니아 산림에 있는 사원이다.

❷ 여기에 '나' 포함 12명이 2191를 탐사했다.

❸ 2191의 지상층은 별다른 특이점이 없었다.

❹ 지하로 이어지는 계단은 2층 주교의 방에서 발견했다.

❺ 지하층은 지상과 다른 양식을 보여 줬다.

2 다음 설명을 읽고, 그림의 알맞은 위치와 짝지어 주세요.

❶
평범한 동방 정교회의 사원이다.　●　　　● 지상 2층

❷
돌기둥과 카펫, 대리석 제단이 있다.　●　　　● 지상 1층

❸
아래로 내려가는 계단이 있다.　●　　　● 지하 1층

❹
위층과 건축 양식이 다르다.　●　　　● 지하 2층

3 본문의 '밀접하다'라는 표현에서 접은 '이을 접(接)'을 씁니다. 다른 의미의 '접'이 사용된 문장은? (　　　)

❶ 준희 : 오늘은 <u>면접</u> 보는 날. 긴장하지 않고 화이팅!

❷ 봉선 : 요즘 독감이 유행이래. <u>예방접종</u>은 필수야.

❸ 경미 : 뒤늦게 게임에 <u>접속</u>하자, 먼저 들어와 있던 친구들이 창피를 줬다.

❹ 상만 : 장자는 자신이 나비가 되는 꿈, <u>호접몽</u>을 꿨어.

❺ 덕배 : 신발 밑창을 붙이려고 <u>순간접착제</u>를 사 왔다.

4 다음 설명을 읽고, 설명하는 대상이 무엇인지 빈칸에 적어 주세요.

- SCP-2191을 탐사하던 중 발견한 개체다.
- 지하 3층으로 통하는 계단에서 처음 발견되었다.
- 신체가 심각하게 변이된 인간형 변칙 개체다.
- 입 안에 2191-2A가 있었다.

정답 : _____

5 다음 그림을 보고, 이곳이 몇 층인지 적어 주세요.

정답 : _____

6 다음 중, '우여곡절'을 올바르게 사용한 아이는 누구일까요? (   )

❶ 수민: 이런 밤 중에 돌이 날아오다니, 우여곡절 이게 무슨 일이야?

❷ 병찬: 이 문제 너무 어려워. 정말 우여곡절이야!

❸ 선미: 자꾸 그렇게 숙제를 우여곡절 미루면, 나중에 큰일 난다!

❹ 희수: 내가 여길 오는데, 얼마나 많은 우여곡절을 겪었는지 알아?

❺ 호경: 그 영화 완전 우여곡절이야. 시작은 거창한데 결말이 초라해!

SCP-1608은 하늘을 나는 대왕고래로, 지구 표면으로부터 상공 50~110m 사이에 체공할 수 있다. 체중 154톤, 신장 29m로 **추산**된다. 지느러미에는 구름 모양의 그림이 새겨져 있다. 정해진 형태가 없으며, 대부분의 시간을 대기 중에 **표류**하며 보낸다. 1608이 움직임을 보이는 경우는 보통 호흡이나 노폐물 배출, 먹이 활동을 할 때이며, 그 움직임을 본인이 완전하게 통제할 수 없는 듯하다. 1608의 가장 큰 특징은, 자기 몸을 사라지게 할 수 있다는 것이다. 단순히 투명해지는 것이 아니라, 물리적으로 완전히 사라지는 것이다. 대략 30분에 한 번씩 물리적으로 출현하며, 16초에서 20초가량 형태를 유지한 후 다시 사라진다.

먹이를 섭취할 때, 사라진 상태에서 먹이에게 접근, 먹이가 자기 위장에 위치하는 순간 다시 나타나 위장에 가둬 버린다. 이 과정으로 인해 1608은 먹이를 먹을 때 입을 사용하지 않는다. 다만 먹이 판별 능력은 다소 떨어지는 것으로 보인다. 주로 고층 대기에 서식하는 조류들을 잡아먹는데, 드론이나 항공기, 심지어는 떨어지는 우주선 파편마저도 먹이로 착각하는 경우가 있다. 하지만 그렇게 들어간 물건은 얼마 뒤 바깥으로 배출된다. 1608이 사라질 때 배출할 물건은 멀쩡히 남아 지면으로 떨어지게 되는 것이다. 1608이 배출한 물건 중 다소 아이러니한 물건들이 있는데, 바로 1898년에 실종된 영국 **포경선**과 1776년에 실종된 에스파냐 함선의 깃발이다. 이는 1608이 최소 18세기부터 존재했으며, 그때는 지금보다 더 낮은 고도에서 활동했다는 것을 의미한다.

1608은 1929년 8월 11일, 일본 도쿄에서 처음 발견되었고, 본격적인 격리는 1976년에야 개시되었다. 당시 도쿄 소재 인력들이 옛날 보고서 속에서 1608의 흔적을 찾아냈고, 간단한 정찰 임무와 격리 절차가 규정되면서 1980년 3월 19일, 유클리드로 분류되었다.

1976년 12월 19일, 지역을 정찰하던 재단 항공기가 1608에게 잡아먹히는 일이 발생했다. 해당 항공기는 1999년 7월 7일에 배출되었는데, 당시 조종석에 있던 번 요원은 23년 간 1608안에 살아 있었으나, 배출되면서 죽은 것으로 밝혀졌다.

▶ **추산하다** 짐작으로 미루어 계산한다는 뜻이다.

▶ **표류** 크게 3가지 의미가 있다. '물 위에 떠서 정처 없이 흘러감.', '어떤 목적이나 방향을 잃고 방황함.', '일정한 원칙이나 주관이 없이 이리저리 흔들림.'

▶ **포경선** '고래를 잡는다'라는 뜻의 포경과 '배'를 뜻하는 선을 붙여 만들어진 말로, 고래 잡는 배라는 뜻이다.

1 다음 중, 1608에 관한 설명 중 바른 것은? (   )

❶ 1608은 하늘을 나는 대왕고래다. 지구 표면으로부터 상공 50~110cm 사이에 체공할 수 있다.

❷ 1608이 움직임을 보이는 경우는 호흡과 노폐물 배출, 먹이활동으로 보이며, 움직이는 데 능숙한 모습을 보인다.

❸ 1608은 단순히 투명해지는 것이 아닌, 물리적으로 사라질 수 있다.

❹ 1608은 대략 30분에 한 번 나타나며 1분가량 형태를 유지한다.

❺ 1608은 뛰어난 먹이 판별 능력으로 항공기 같은 물건은 먹지 않는다.

2 다음 그림 중 1608의 모습으로 올바른 것은? (   )

❶   ❷   ❸

3 다음 중, '표류하다'라는 말을 올바르게 사용하지 않은 아이는 누구일까요? (   )

❶ 정민 : 로빈슨 크루소는 조난으로 무인도 해변에 표류한 사람이야.

❷ 고윤 : 밤에 산을 타다가 길을 잃었어. 3시간 정도 표류한 것 같아.

❸ 병태 : 지금 우주에는, 우주선을 띄우느라 버려진 우주 쓰레기들이 표류하고 있대.

❹ 추영 : 한 번에 물을 많이 마시니까 물이 표류하더라고. 다 뱉어버렸어.

❺ 수진 : 사고 싶었던 게임기가 다 팔렸다는 소식을 듣고, 난 그 가게 안을 표류하듯 돌아다녔어.

만족스럽지 못한

SCP - 2599
등급 : 유클리드
타입 : 생물

SCP-2599는 14세의 한국계 소녀다. 이름은 '제나 조'이며, 그녀는 두 가지 특성을 가지고 있다. 첫 번째는 내려진 지시를 무조건 따른다는 것이다. 이건 2599 본인이 '명령받았다'고 인식할 때만 이루어지며, 명령이 아니라고 생각되면 이 특성은 발동되지 않는다.

두 번째는 그 명령이 어떠한 것이든, 완벽하게 수행하지 못한다는 것이다. 2599가 아무리 노력해도, 그 명령이 아무리 쉽고 간단한 것일지라도 2599는 명령을 만족스럽게 끝내지 못한다.

아래 기록은 2599에게 실행된 실험을 정리한 것이며, 이를 통해 2599에게는 현실 조작 능력이 있는 것으로 의견이 모이고 있다.

주어진 명령: 세 개의 장난감 블록을 쌓아 올려라.

결과: 2599는 블록 두 개를 쌓았지만, 세 번째 블록은 집어 들 수 없었다. 노력 끝에 블록을 들기까지는 성공했지만, 곧바로 바닥에 떨어뜨리고 말았다. '이 쉬운 것도 못 해? 맙소사.'

주어진 명령: 25센트짜리 동전을 받고, 앞면이 나오도록 던져라.

결과: 동전은 앞, 뒤가 아닌 옆면으로 세워졌다. 실험은 24번 진행됐지만, 결과는 같았다. '블록도 쌓지 못했는데, 이건 또 어떻게 했대?'

주어진 명령: 날아라

결과: 2599는 5m 이상 뛰어올랐으나, 비행하지는 못했다. 땅에 떨어진 충격 때문에 두 다리를 다쳤다. '지금은 천장 때문에 5m지만, 마음만 먹으면 그 이상도 가능했을지 모르겠는걸?'

주어진 명령: 이전 실험으로 생긴 상처를 치료하라.

결과: 양손을 각각 다리에 대자, 오른쪽 다리만 말끔하게 치료되었다. 나머지 왼쪽 다리는 전혀 치료되지 않았으며, 이 과정에서 2599는 굉장히 고통스럽다고 묘사했다.

주어진 명령: '다음 문장은 참이다.', '이전 문장은 거짓이다.'를 말하면서 거짓을 말하지 마라. (모순된 명령을 내렸을 때의 반응을 알아보기 위한 실험.)

결과: 두 문장을 말한 직후, 2599는 모든 움직임을 멈췄다. 잠시 후 2599 주변 대기에서 미세한 현실 조작이 이뤄졌고, 곧이어 주변에 토끼들이 생성되어 2599를 격려하는 말을 했다. 언어는 한국어였으며, 2599가 서 있던 바닥은 면 이불로 바뀌었다.

▶ **마음먹다** 무엇을 하기로 마음속으로 작정한다는 뜻이다. 비슷한 말로 결심하다가 있다.

▶ **모순** 둘 이상의 논리가 서로 맞지 않다는 뜻의 고사성어다. 모는 창(矛)을, 순은 방패(盾)를 의미한다. 예시) '6시에 일어났는데 5시 방송을 봤다고? 이거 모순 아냐?'

1 다음 중, SCP-2599에 관한 설명으로 바른 것은? (   )

❶ 2599는 한국계 소녀로, 이름은 '소피아 리'다.

❷ 2599는 자신에게 주어진 명령을 완벽하게 수행한다.

❸ 블록 쌓기는 2599가 성공하지 못한 유일한 명령이다.

❹ 2599는 '날아라.'라는 명령 때문에 두 다리를 다쳤다.

❺ 2599 주위로 나타난 비둘기들은 2599에게 격려하는 말을 했다.

2 다음 그림을 보고, 연관된 문장을 짝지어 주세요.

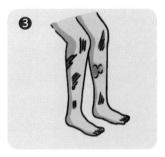

❶   ❷   ❸

•   •   •

ⓐ   ⓑ   ⓒ

실험은 24번 진행했다.   오른쪽만 나왔다.   바닥에 떨어뜨렸다.

3 다음 중, '모순'의 뜻을 가장 알맞게 사용한 문장은? (   )

❶ 희경이는 운동을 열심히 했다. - 희경이는 몸짱이다.

❷ 준표에겐 형이 한 명 있다. - 형의 이름은 준수다.

❸ 하늘은 맑다. - 말은 살찐다.

❹ 민정이는 돈이 없다. - 용돈을 다 써 버렸기 때문이다.

❺ 무엇이든 뚫는 창이 있다. - 무엇이든 막는 방패가 있다.

SCP-2091은 높이 1.2m, 길이 2.1m인 회색곰 조각상 2091-1과 '에비게일 할로위'라는 이름의 평범한 인간 여성 2091-2로 구성된 개체다. 2091-1 중심에서부터 반경 15m 안에 2091-2가 들어오면, 2091-1은 활성화되어 스스로 움직일 수 있게 된다. 2091-1은 음식을 먹을 필요가 없지만, 점토를 먹어 손상된 신체를 **복구할 수 있다**. 아래는 2091-2와의 면담을 기록한 기록문이다.

박사 안녕하십니까? 기분은 어떤가요?

2091-2 나쁘지 않아요. 그런데 우리 할아버지는요?

박사 할아버지? 아, 2091-1 말이군요. 안 그래도 지금 데려오고 있습니다.

2091-2 감사합니다. 할아버지는 제가 있어야 자신을 치료할 수 있으니까요.

박사 그그... 그 조각상이 할아버지라는 건, 어떻게 알게 됐나요?

2091-2 10년 전이었을 거예요. 그때 할아버지는 제게 이런 말씀을 하셨어요. '자기는 떠나지만, 곧 다른 모습으로 돌아온다고. 곰의 모습으로 다시 온다'고 말이에요.

박사 그렇군요. 그럼 2091-1과는 어떻게 의사소통하십니까?

2091-2 제가 입으로 말하면, 할아버지는 그 말을 듣고 제 머릿속으로 대답해요. 마치... 텔레파시처럼요. 조금 정확히 말하면, 저한테만 텔레파시로 말할 수 있다고 했어요. 다른 사람한테는 통하지 않는다고 하더라고요.

박사 그렇군요. 그래도 10년 동안 곰으로 사셨다면, 일은 어떻게...?

2091-2 누군가 매달 생활비를 보내 줬어요. '하먼'이라는 분이었는데, 제가 알기론 할아버지의 생전 친구셨던 것 같아요.

박사 하먼... 혹시 이 사람에 대해 더 알고 계신 건 없습니까?

2091-2 아니요. 하지만 언젠가 그분을 만나 고맙다고 말하고 싶어요. 만약 그분을 찾으시면 제게 말씀해 주실 수 있나요?

박사 당연하죠. 저희도 눈에 불을 켜고 찾아보겠습니다.

2091-2 감사합니다.

▶ **복구하다** 손실 이전의 상태로 회복한다는 뜻이다. 비슷한 말로 '복원'이란 말이 있다.

▶ **눈에 불을 켜다** 두 가지 뜻이 있다. '욕심, 혹은 관심을 보여 눈을 빛내다.', '화가 나서 눈을 부릅뜨다.', 본문에서는 첫 번째 의미로 사용되었다.

1 다음 중, SCP-2091에 관한 설명으로 바른 것은? (   )

❶ 2091은 회색곰 조각상 2091-1과 인간 여성 2091-2로 구성되어 있다.

❷ 2091-1은 주변 15m 안에 2091-2가 들어오면 조각상으로 굳어 버린다.

❸ 2091-1은 음식을 먹는 것으로 손상된 신체를 복구할 수 있다.

❹ 2091-2는 면담 당시 14살이었다.

❺ 2091-1은 2091-2의 아버지다.

2 다음은 2091-1의 최대 활성화 거리 실험에 관한 그림입니다. 빈칸을 알맞게 채워 주세요.

❷ 높이
(   )

❸ 거리 : (   )

❶ 길이 : (   )

3 다음 중, 본문 속 '눈에 불을 켜다'와 가장 비슷하게 사용한 문장은? (   )

❶ 눈이 좋지 않은 석원은, 안경을 쓰면서 눈에 불이 켜졌어.

❷ 나한테 이런 쉬운 문제를 주다니, 이건 눈에 불을 켜도 풀 수 있는 문제라고!

❸ 눈에 불을 켜고 찾아봐도, 내가 가지고 싶은 장난감은 찾지 못했어.

❹ 이 결혼, 내 눈에 불을 켜도 안 돼!

❺ 내 눈에 불이 켜졌더니 엄마가 물을 부어 꺼 주셨어. 참 다행이지.

4 다음 중 2091-1이 상처를 입으면 무엇을 줘야 할까요? (   )

❶

❷

❸

SCP-3753은 변칙성을 가지는 캐모마일 티백이다. 질병에 걸린 사람이 3753으로 우린 차를 마시면 깊은 잠에 빠진다. 그리고 피험자가 깨어나면, 문제가 되는 병원균이나 내장 기관이 적절한 구멍을 통해 고통 없이 강제적으로 배출된다. SCP-3753-A라 명명된 그 물질은 순식간에 피험자와 비슷한 신장으로 성장하고 양쪽에 팔 두 개가 돋아난다.

급속 성장과 팔 생성이 마무리되면, 어디선가 복싱 벨이 울리게 되고 피험자와 3753-A의 싸움이 시작된다. 이때 피험자는 배출한 내장 기관과 상관없이 평소 같은 컨디션을 유지하는 것으로 보이며, 둘 중 하나가 항복하거나 녹아웃될 때까지 싸움이 계속된다. 이때 싸움은 반드시 **육탄전**이어야 하며, 만약 피험자가 무기를 사용하거나 다른 인원과 함께 싸울 경우에는 싸움이 즉시 종료된다. 이는 반칙패로 구분된다.

피험자가 승리하거나 패배하여 싸움이 끝나면 다음과 같은 현상이 나타난다.

피험자가 승리할 경우 3753-A는 연기가 되어 사라지고, 피험자는 다시 깊은 잠에 빠진다. 피험자가 깨어나면, 싸웠던 질환이나 질병이 상당히 약해지거나 완치된 상태를 보여준다.

피험자가 패배할 경우 3753-A가 다시 피험자 몸에 들어가며, 피험자의 상태는 변하지 않는다.

3753과 같이 발견된 수제 나무 상자에서 매일 아침, 새로운 3753 티백이 생성된다. 상자가 가득 차면 더 이상 생성되지 않는다. 최대치는 119개다. 다음은 재단에서 진행한 3753 개체의 실험 기록이다.

3753 실험 기록

피험자: 엠마 리스터
질환: 급성 기관지염
(목과 폐를 잇는 통로에 염증이 발생한 것)
상대: 거대화된 바이러스
승자: 엠마 리스터
비고: 3753을 이용한 첫 실험이다.
실험 후 8시간 뒤에 엠마의 건강 검진이
진행되었고, 엠마의 질환이 완치되었다고 함.

▶ **육탄전** 직접 적진에 뛰어들어 벌이는 전투라는 뜻으로, 무기 없이 맨몸으로 싸우는 것을 말한다.

▶ **몰아붙이다** '한쪽으로 몰려가게 하다', 또는 '상대를 어떤 상황이나 방향으로 몰려가게 하다'라는 뜻이다.

피험자: 립카 야르코니
질환: 스트레스성 위궤양
상대: 위장
승자: 3753-A(위장)
비고: 피험자의 질환에 <u>아무런 변화가 없는 것이</u>
<u>확인됨.</u>

피험자: 우르술라 누네스
질환: 고혈압과 우울증
상대: 혈관으로 이루어진 사람과 두뇌
승자: 누네스
비고: 질환이 2가지 이상인 첫 사례다.
이전 사례들보다 난이도가 있었으나, 이기기만 하면
효과를 볼 수 있다는 것이 증명되었다. 고혈압 증상과
<u>우울증 빈도가 (감소)했다고 확인됨.</u>

피험자: 로지
질환: 허리 디스크
상대: 척추
승자: 로지
비고: 처음부터 강하게 몰아붙인 로지에
의해 척추가 녹아웃됨. 이후 건강 검진을
해보니 완치는 아니었지만, 많이 호전되었음.

피험자: 헨리크 슈투어마템
질환: 폐암 3기
상대: 암세포
승자: 3753-A(암세포)
비고: 가장 오랜 시간 동안 싸운 사례. 22분 동안 암세포와
싸운 피험자는 끝내 지쳐 쓰러졌음. 이후 건강 검진에서 피험자의
몸 상태에 <u>아무런 변화가 없음이 확인됨.</u>

1 다음 중, SCP-3753에 관한 설명으로 바르지 않은 것은 무엇일까요? (   )

❶ 3753은 수제 나무 상자 안에 든 캐모마일 티백이다.

❷ 질병에 걸린 사람이 3753을 우린 차를 마시면, 병이 낫는다.

❸ 피험자에게서 배출된 물질은 3753-A로 불리며, 피험자와 비슷한 신장으로 급속 성장한다.

❹ 3753-A의 성장이 마무리되면, 어디선가 복싱 벨 소리가 들리고, 피험자와 3753-A 간의 싸움이 시작된다.

❺ 무기를 사용하거나 다른 인원을 부르면 반칙패로 처리된다.

2 다음 보기를 보고, 그 사람이 앓았던 질병과 연관된 그림을 짝지어주세요.

❶ 엠마 리스터	❷ 우르술라 누네스	❸ 로지
•	•	•

3 다음 중 '몰아붙이다'라는 단어에 가장 어울리는 상황은 무엇일까요? (   )

❶ 가만히 있던 친구에게 물을 뿌린 진규.

❷ 도둑이 도망가지 못하게, 방 안 구석으로 몰아넣은 명식

❸ 잠깐 한눈판 사이에 별똥별 볼 기회를 놓쳐 버린 정수

❹ 앞에도 적, 뒤에도 적. 사방이 적으로 둘러싸인 형민

❺ 능숙한 솜씨로 양 떼를 모는 성태

4 다음 중 3753의 실험 기록에서 바르지 않은 것은 무엇일까요? (   )

❶ 엠마 리스터는 기관지염에 걸렸다.

❷ 립카 야르코니는 3753-A와의 싸움에서 졌다.

❸ 로지는 결투 후, 완치는 아니지만, 증상이 많이 호전되었다.

❹ 싸움에서 승리한 우르술라 누네스는 우울증과 고혈압 증상의 빈도가 줄어들었다.

❺ 헨리크 슈투어마템은 긴 싸움 끝에 3753-A에게서 이겼다.

5 다음 중, 3753-A에게 이길 수 있는 사람은 누구일까요? (   )

❶   ❷   ❸

6 다음 설명을 읽고, 설명 속 3753-A의 모습을 빈칸에 그려 주세요.

설명

● 왼쪽 어금니 쪽이 아파요.

● 살짝 흔들리기도 해요.

● 잇몸에 염증이 생겨 피가 나요.

● 자세히 보니 왼쪽 어금니 한쪽이 까매요.

● 양치질을 잘하지 않아서 생긴 병이래요.

→

머리 게임

SCP - 5564

등급 : 유클리드

타입 : 생물

안녕하세요? 난 SCP-5564라고 합니다. 원래 이름이 있었던 것도 같은데, 딱히 기억 나진 않네요. 그냥 5564라고 불러 주세요. 성별? 머리밖에 없는데 그게 뭐가 중요해요? 전 머리밖에 없는 인간 남자라고요. 언제부터냐고요? 글쎄요. 아마 처음부터 이렇게 만들어졌던 것 같아요. 그러니 제 몸에 대해선 더 묻지 말아요. 어떻게 발성 기관도 없이 말을 하는지, 어째서 영양분 섭취도 없이 생명이 유지되는지, 나도 모르니까요.

자, 그럼 진짜 본론으로 가 볼까요? 제가 왜 존재하는지, 제가 무슨 능력을 갖추고 있는지 말할 시간이 왔으니까요. 제 능력은 뭘까... 조금 특이해요. 기본적으로 제 의지로 하는 것도 아니고, 이 능력이 저한테 도움을 주는 것도 아니거든요. 더 자세히 말하자면, 제가 있어서 제 능력이 있는 게 아니라, 제 능력을 만들기 위해 저라는 도구가 만들어진 느낌? **주객전도**란 말이 생각나네요.

그럼 제 능력이 어떻게 발동되는지 알려드리죠. 제가 들을 수 있는 범위 안에서 상반된 주장을 가진 최소 두 명의 사람이 있어야 합니다. 그냥 가지고 있으면 안 됩니다. 각자 가지고 있는 주장이 옳다고 믿어야 합니다. 그럼 제 능력이 자동으로 발휘됩니다. '입으로 하는 시간은 끝났습니다. 행동들이 말하게 두십시오'란 말이 제 입에서 나오면서 말이에요. 이 말을 마치면 제 주변 환경은 변하게 됩니다. 그리곤 길이 10m에 폭 5m인 축구장으로 변하게 되죠.

축구장으로 변하면 이제 뭘 해야 하겠습니까? 축구를 해야죠! 공 대신 저를 차면서 축구를 하시면 됩니다. 러닝 타임? 없습니다! 무조건 상대방보다 먼저 10골을 넣어야 합니다! 그래야 끝이 나게 되죠. 자, 그럼 이제 마지막입니다. 먼저 10골을 넣은 사람은 승자가 되죠? 승자의 말에 감히 **토를 달 수 있겠어요?** 당연히 안 되지! 승자의 주장은 무조건 맞아야 하는 거라고요! 당신이 오기 전에도 재단에서 몇 번 실험하긴 했어요.

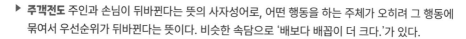

그 와중에 실험한 사람이 죽긴 했지만, 다시 살아났으니까 됐어요.

어때요? 이제야 제가 대단해 보이나요? 다른 사람들은 제가 아즈텍 신의 화신이라고 뭐라고 하는 것 같던데, 그런 건 아무래도 상관없어요. 중요한 건 뭐다?

축구는 재밌다는 것과, 승자의 말은 언제나 옳다는 거죠!

▶ **주객전도** 주인과 손님이 뒤바뀐다는 뜻의 사자성어로, 어떤 행동을 하는 주체가 오히려 그 행동에 묶여서 우선순위가 뒤바뀐다는 뜻이다. 비슷한 속담으로 '배보다 배꼽이 더 크다.'가 있다.

▶ **토를 달다** 어떤 말 끝에 그 말에 대해 덧붙여 대답한다는 뜻이다. 주로 변명이나 핑곗거리를 말할 때 사용하는 표현이다.

1 다음 중, SCP-5564에 관한 설명으로 바른 것은 무엇일까요? (   )

❶ 5564는 머리밖에 없는 인간이며, 원래 이름은 비밀이다.

❷ 5564의 능력은 5564가 원할 때마다 발동된다.

❸ 5564의 능력이 발동되기 위해선, 서로 다른 의견을 가진 두 사람이 필요하다.

❹ 5564는 주변 환경을 축구장으로 만들 수 있고, 5564는 심판의 역할을 담당한다.

❺ 경기는 10분 동안 이어지고, 그 시간 동안 더 많은 점수를 낸 사람이 승리한다.

2 다음 그림 속 대사를 보고, 다음 그림에 들어갈 상황을 그려 주세요.

정답

3 설명글의 '주객전도'에서 주는 '주인 주(主)'를 씁니다. 다른 의미의 '주'가 사용된 문장은? (   )

❶ 이번 축구 경기의 <u>주인</u>공은, 연속 3골을 넣은 범규다.

❷ 기생충은 기생할 <u>숙주</u>가 없으면 살 수 없다.

❸ 잘 익은 오렌지는 겉이 <u>주황</u>색으로 되어 있다.

❹ <u>주관</u>적으로 봤을 때, 난 좀 잘생긴 것 같아.

❺ 이번 여행 코스는 관광지 <u>위주</u>로 잡았어.

축축한 멍멍이

SCP - 4062
등급 : 안전
타입 : 생물

SCP-4062는 키 64cm, 몸무게 48kg의 수컷 우크라이나 셰퍼드다. 4062가 물에 젖게 되면 변칙성이 발현된다. 4062가 물에 젖게 되면, 털이 완전히 마를 때까지 계속해서 물을 털어낸다. 이 행위 자체는 일반적인 개들에게서 볼 수 있는 평범한 행위지만, 4062는 묻은 물의 양에 따라 그 행위의 지속력과 강도가 기하급수적으로 증가하기 때문에 변칙성이라고 구분했다.

4062가 완전히 물에 잠기면, 표준압에서도 물을 끓일 수 있을 만큼 물을 털어 낸다. 실제로 4062가 담겨 있던 욕조가 수증기 폭발로 파괴되기까지 했는데, 4062는 산소나 먹이가 필요하지 않을 뿐 아니라, 이 과정으로 인한 부상을 전혀 보이지 않는다. 몸이 다 마른 4062는 물을 터는 것을 멈추고 일반적인 개의 행동을 보여 준다.

4062는 1983년 8월 29일, 재단 요원이 소련 해군의 핵 추진 잠수함을 **나포했을** 때 같이 확보되었다. 확보한 잠수함의 구조를 살펴보던 중, 잠수함의 **동력**을 담당하는 원자로가 다른 잠수함과는 다른 설계임을 확인해 즉시 원자로를 분해했다. 그러자 원자로 안에서 4062가 물을 털어 내고 있었고, 해당 잠수함은 4062의 행위로 얻어 낸 증기의 힘으로 움직이고 있었다는 사실을 알아냈다.

이후 당시 현장에서 잡아 온 인물 '안드레이 알렉산드로프'란 기술자를 심문했더니, 그는 자신을 '개 기술자'라고 소개하며 4062 같은 개체를 이용해 원자로를 관리하는 일을 해 왔다고 진술했다. 이 심문으로 4062과 같은 개체가 더 존재한다는 사실을 알아냈으며, 그것들을 추가 확보하기 위한 작전을 준비하고 있다.

현재 이 기술자를 제외한 나머지 포로들은 전부 기억을 지운 채 본국으로 돌려보냈고, 해당 기술자에겐 격리 처분을 내려 추가 심문을 준비하고 있다.

현재 4062는 대형견용 침대, 밥그릇, 물그릇, 강아지 장난감이 갖춰진 표준 격리용 견사에서 지내고 있다.

매일 600g의 건식 개 먹이를 주고 지정된 조련사가 산책시켜야 하며, 통제되지 않은 상황에서의 증기 폭발을 방지하기 위해 물속에 잠수하지 못하게 해야 한다.

▶ **나포하다** '죄인을 붙잡다', '사람이나 배, 비행기 등을 사로잡다'라는 뜻이다. 비슷한 말로 '포획하다'가 있다.

▶ **동력** 어떠한 기계를 움직이기 위해 필요한 에너지를 말한다. 전기로 만들어 내는 에너지인 '전력'이나 물로 만들어 내는 에너지인 '수력', 바람으로 만들어 내는 에너지인 '풍력' 등이 동력이 되어 준다.

1 다음 중, SCP-4062에 관한 설명으로 바르지 않은 것은 무엇일까요? (   )

❶ 4062는 키 64cm, 몸무게 48kg의 암컷 우크라이나 셰퍼드다.

❷ 4062는 물에 젖게 되면 변칙성이 발현되는데, 털이 완전히 마를 때까지 물을 털어 낸다.

❸ 이 행위는 4062의 몸이 다 마를 때까지 지속되는데, 이 과정에서 부상을 보이지 않는다.

❹ 몸이 다 마른 4062는 일반적인 개의 행동을 보여 준다.

❺ 통제되지 않은 상황에서, 4062를 물속에 잠수하지 못하게 해야 한다.

2 4062를 산책시키려고 합니다. 4062의 산책로로 바르지 않은 것은 무엇일까요? (   )

❶

❷

❸

3 설명글의 동력에서 '동'은 '움직일 동(動)'을 씁니다. 다른 의미의 '동'이 사용된 문장은? (   )

❶ 유백: 이 경기에서 이겨야지만, 동메달을 얻을 수 있어.

❷ 지석: 사건이 발생한 곳으로 출동이다!

❸ 수정: 우리 집 아파트 자동문이 고장 났어.

❹ 강덕: 자연을 사랑하고, 동물을 보호합시다!

❺ 두희: 부동산이란, 토지나 건물처럼 움직일 수 없는 재산을 말해.

열폭하는 화산

SCP-1699는 아이슬란드에 위치한 지성을 가진 휴화산이다. 분화구의 최고 높이는 약 33cm 정도이며, 사람들과 대화가 가능하고 소통하려는 의지를 보인다. 감각 기관이나 발성 기관이 없는 상태에서 어떻게 의사소통이 가능한지는 아직 밝혀지지 않았다. 1699는 자연재해를 일으키는 것에 열망을 품고 있으며, 아이슬란드뿐만 아니라 다른 지역의 화산과 자신을 비교하고 열등감을 느끼는 것으로 보인다. 아래 지문은 1699과 나눴던 대화의 일부를 편집한 것이다.

박사 안녕. SCP-1699? 무슨 일이야?

1699 너 따위가 알 바 아니잖아. 날 가만 내버려 둬.

박사 들으면 깜짝 놀랄 텐데.

1699 허. 너 원래 안 그랬잖아, 에이나르. 평소였다면 또 날 놀렸어야지.

박사 SCP-1699, 그렇게 느꼈다니 미안.

1699 너답게 행동해. 가서 내가 얼마나 쓸모없는 놈인지 뒷담이나 까고 날 내버려 두라고.

박사 진정해 SCP-1699. 아무도 널 쓸모없다고 생각하지 않아. 너는 꽤 괜찮은 대화 상대고 널 연구하는 건 곧...

1699 난 네 '과학 발전'이나 '연구'나 그런 것 따위에 관심 없다고! 그냥 저리 꺼져! 너희 전부 다! 갑자기 들이닥쳐서 내 근처에 멍청한 캠핑장이나 차린 뒤로, 난 비웃음과 무시나 받고 있다고! 너 말고 다른 녀석들이 나한테 와서 다른 화산과 날 얼마나 비교하는지, 넌 그걸 알잖아! 나보고 **우물 안 개구리**래. 아니, 개구리도 되지 못하는 올챙이래!

박사 그, 그런 일이 있었을 때 자리에 없었던 건 미안해. 그 사람들에겐 내가 확실히...

1699 내 말 아직 안 끝났어! 너희들한테 신기한 취급받는 것도 이젠 질렸어. 내 뒤에서 몰래 비웃는 걸 훔쳐 듣는 것도 질렸어. 쓸모없이 용암만 보글대는 웅덩이 취급받는 것도 질렸고 난 이제 절대 될 수 없는...

박사 SCP-1699, 진심으로 미안하다는 말밖에 해 줄 말이...

1699 (1699 속에서 용암이 분출한다) 날 좀 가만 내버려 둬!

해당 기록은 1699의 침묵으로 종료됐다. 박사는 곧바로 자리를 떠났고, 1699의 훌쩍이는 소리가 10여 분간 이어졌다. 해당 박사는 동료 연구원들에게 언행을 주의할 것을 권고했고, 하루빨리 1699의 심리 상태를 변화시켜 줄 이벤트를 준비해야 한다 건의했다.

▶ **우물 안 개구리** 넓은 세상의 형편을 알지 못하는 사람을 비꼴 때 쓰는 말이다.

1 다음 중 SCP-1699에 관한 설명으로 바르지 않은 것은 무엇일까요? (   )

❶ 1699는 아이슬란드에 위치한 지성을 가진 휴화산이다.

❷ 분화구의 최고 높이는 33cm 정도이며, 사람과 소통하려는 의지를 보인다.

❸ 용암 속에 발성하는 기관이 존재하지만, 채취는 불가능하다.

❹ 1699는 다른 거대한 화산들에 대해 열등감을 가지고 있다.

❺ 1699과의 면담 속 박사의 이름은 '에이나르'다.

2 다음은 1699의 기분을 풀어 주기 위해 작성된 계획서입니다. 아래 계획에서 어울리지 않는 문장이 있는데, 어떤 문장일까요? (   )

제목: SCP-1169가 인류의 공포가 되는 몰래카메라.

내용: 이제 쓰임을 다한 옛 1699 전초기지에 폭탄과 폭죽을 설치,

❶ 에이나르 박사를 포함한 담당 연구원들은 1699에게 다가가 그의 심기를 건드린다.

1699가 화를 내는 순간 전초기지를 폭파하고, 폭파가 진행되는 동안 1699에게 무섭다고 소리친다. ❷ 건물이 완전히 무너지게 되면, 일제히 달아나 1699 혼자 기뻐할 시간을 준다.

목적: ❸ 1699의 기분을 풀어 주기 위함. **준비물:** 폭약과 폭죽. ❹ 1699에게 먹일 석탄.

주의할 점: 1699에게 몰래카메라를 들키면 안 된다.

3 다음 중 '우물 안 개구리'에 가장 알맞은 아이는 누구일까요? (   )

❶ 엄마 몰래 아이스크림을 먹고, 안 먹었다고 거짓말하는 광희

❷ 자기 반에서 시험 1등이라고 으스대는 준면

❸ 운동하려고 나가려던 찰나에, 운동 좀 하라고 잔소리를 듣는 윤석

❹ 자기가 방귀 뀌어 놓고, 옆 짝꿍을 가리키는 창수

❺ 달리기 빠른 병찬을 추월하려다가 되레 넘어진 경민

늪 속의 여자

SCP - 811
등급 : 유클리드
타입 : 생물

SCP-811은 인간 여성과 비슷한 모습을 띤 생명체로. 팔다리는 균형이 맞지 않을 만큼 길고 가늘며 복부는 약간 부풀어 있다. 811의 키는 171cm이지만. 몸무게는 47kg 미만이다. 피부는 얼룩덜룩한 초록색이며. 머리카락은 검은색이고 극도로 지성이다. 손과 발바닥에서 맑고 얇은 초록색을 띠는 점액을 계속해서 분비하는데. 해당 점액에 접촉한 **유기물**은 바르게 썩어 들어가 검은 액체로 변화한다. 811은 이 액체를 피부로 흡수하여 영양분을 얻기 때문에 입을 통해 음식물을 섭취하지 않으며. 소장과 대장은 애초에 존재하지 않는다. 미처 배출하지 못한 노폐물들을 위에 담아둔다. 이는 먹잇감을 사냥할 때 사용하며. 입을 통해 발사된 노폐물은 먹잇감을 질식시키고. 썩게 만든다. 이런 811의 먹잇감에는 인간도 포함되어 있기 때문에. 개체가 16시간 이상 굶은 상태일 때는 재단 인원이 들어가는 것을 엄격히 금한다. 811의 식사는 이전 식사 시간에서 24시간이 지났을 때 제공하며. 이때 먹이는 최소 5kg 이상의 육류로 준비한다.

811은 인간의 언어를 불완전하게나마 이해할 수준의 지성을 갖췄으며. 격리 중 실행한 실험 끝에 811은 연구원들에게 뭔가 요구할 만큼의 어휘력을 가지게 되었다. 다음은 811이 요청한 사항들이며. 요청한 사항들에 대한 연구진들의 승인 결과다.

SCP-811의 요청사항에 대한 승인 결과

* 소를 먹이로 규칙적으로 제공해 달라. - 요청 거부됨.
* 악어는 먹이로 주지 말아라. - 요청 승인됨.
* 천연 물질이 함유되지 않은 빗을 달라. - 요청 승인됨.
* 매일 사람 한 명이 자기 머리카락을 씻고 관리해 달라. - 요청 승인됨.
다만 시중에 판매되는 샴푸들로는 811의 기름기를 제거할 수 없기에. 더욱 강력한 샴푸를 만드는 프로젝트가 진행되었다.
* 자신을 '아에'라고 불러 달라. - 요청 승인됨.
* 이빨이 너무 아프다. 치료해 달라. - 요청 승인됨.
811의 치아는 굉장히 썩어 있었으며. 치료를 위해 전부 빼고 **의치**를 달고 있다.
* 거북이를 하나 넣어 달라. 반려동물로 키울 생각이다. - 요청 거부됨.
하지만 요청을 고려하여 거북이는 먹이로 주지 않는 것으로 수정됐다.

▶ **유기물** 탄소와 수소 원자를 함유한 화합물. 일반적으로 생물이 만들어 낸 물질이라고 보며, 반대 개념으로 사용되는 단어로 '무기물'이 있다.

▶ **의치** 이가 빠진 사람이나 제거한 사람이 씹는 기능을 대신하기 위해 사용하는 것이다. 다른 말로는 틀니가 있다.

1 다음 중, SCP-811에 관한 설명으로 바른 것은? (   )

　❶ 811은 인간 여성과 비슷한 모습을 띤 생명체로, 팔다리가 짧고 복부가 약간 부풀어 있다.

　❷ 811은 손과 발바닥에서 검은색 점액을 분비한다.

　❸ 811은 피부를 통해 영양분을 섭취하기 때문에, 입이 없다.

　❹ 811 내부에는 소장과 대장이 존재하지 않는다.

　❺ 미처 배출하지 못한 노폐물은 위에 저장했다가, 손바닥을 통해 발사한다.

2 다음은 본문을 읽고 그린 811의 모습입니다. 811의 모습으로 알맞은 그림은? (   )

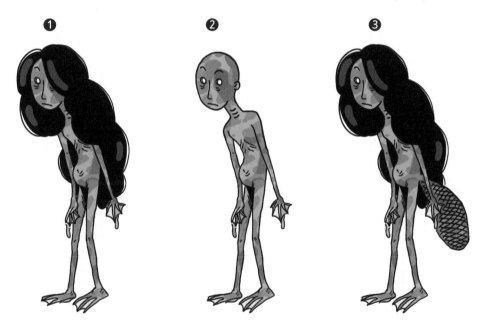

❶　　　　　　　　❷　　　　　　　　❸

3 다음 글은 811이 재단에 요청했을 때의 말을 적은 것이다. 승인된 요구라면 O, 거절된 요구라면 X를 적어 주세요.

> SCP-811: 머리가 너무 끈적거려요. 이거 다른 물로 씻어 주면 안 돼요? 앞으로 밥 먹고 나면 가만
> 히 있을게요. 머리에 끈적이는 거 없애 주세요.

정답 : _____

집사의 종

SCP - 662
등급 : 안전
타입 : 물체

안녕하십니까? 주인님의 부름을 받고 온 집사 '디즈'입니다. 무엇을 도와드릴까요? 예? 이 종의 정체와 저에 대해 알고 싶으시다고요? 알겠습니다. 주인님께서 감당하실 수 있을 정도로만 말씀 드리겠습니다.

지금 주인님께서 들고 계신 그 종. 안에 쇠뭉치가 없는 그 은색 종이 바로 SCP-662. '집사의 종'입니다. 충격이나 **훼손**에 매우 취약하니 정기적으로 관리해 주시면 감사하겠습니다. 지금 해 보셔서 알고 계시겠지만, 그 종을 쥐고 흔들면 부드러운 종소리가 들릴 겁니다. 그럼 이렇게, 저 디즈가 주인님의 명령을 수행하러 나타납니다.

전 보시다시피 키 작은 백인종 집사입니다. 영국에서 나고 자랐고, 주인님의 요구를 수행하는 것이 존재의 이유인 집사죠. 주인님께서 무엇을 원하시든, 전 그 명령에 사명감을 가지고 일할 겁니다. 그러고 보니 이전 주인님들께서 요구하신 것들이 생각나는군요. 온갖 샌드위치부터 음료수. 순도 99.98%의 황금 벽돌과 순도 99.24%의 은 벽돌. 현재 미군에서 사용하는 수류탄을 요구하신 주인님도 계셨고, 보드게임에, 장미 꽃다발... 다양한 물품들을 요구하셨습니다.

거기에 임무를 주신 주인님도 계셨습니다. 자기 차를 세차해 달라, 머리를 손질해 주고, 빨래 해 주고, 건너편 방에 있는 한 사람을 암살하라고도 하셨죠. 전 주인님의 명령에 충실히 따를 뿐입니다.

이렇게 말씀드리니 제가 모든 걸 **식은 죽 먹기**로 하는 것 같습니다만, 이런 저도 모든 걸 완벽하게 수행하지는 못합니다. 제가 아무리 노력한다고 해도, 안 되는 일이 있으니까요. 가령. '핵폭탄을 구해 와라.'나 'SCP-682를 죽여라.' 같은 것들 말입니다. 그런 명령은 제가 정중히 거절 할 겁니다. 대안이 존재한다면 그것을 제시하겠지만, 글쎄요. 그런 명령에 대안을 찾기란 쉽지 않더군요.

예? 명령을 수행하다 제가 다치거나 죽으면 어떻게 되냐고요? 걱정하지 마시길. 지금까지 주인님의 명령을 수행하면서 다치고, 죽고, 살해도 당해 봤습니다. 하지만 주인님께서 제 시체를 보지 않으시고, 다시 그 종을 울리시면 전 상처 하나 없이 말끔한 상태로 다시 주인님 앞에 나타날 겁니다.

말이 길어진 것 같아 죄송합니다. 그럼 이제 명령을 내려 주십시오.

▶ **훼손** 어떠한 것을 헐거나 깨뜨려 못 쓰게 만든다는 뜻이다. 비슷한 말로는 '망가짐'이 있다.

▶ **식은 죽 먹기** 쉽게 할 수 있는 일을 의미하는 관용어다. 비슷한 말로는 '누워서 떡 먹기', '땅 짚고 헤엄치기'가 있다.

1 다음 중 SCP-662에 관한 설명으로 바르지 않은 것은? (　　　)

❶ 662는 안에 쇠뭉치가 없는 은색 종이다.

❷ 662를 쥐고 흔들면 종소리와 함께, 집사 '디즈'가 등장한다.

❸ 디즈는 황인종 집사로, 662를 흔든 사람의 명령을 들어주기 위해 나타난다.

❹ 디즈가 모든 명령을 수행하는 건 아니다.

❺ 디즈는 죽어도 종만 울리면 멀쩡하게 다시 나타난다.

2 다음 그림에서 디즈가 가져온 물건이 아닌 것에 동그라미를 그려 주세요.

3 다음 중 '식은 죽 먹기'라는 말을 가장 적합하게 사용하는 사람은? (　　　)

❶ 재현: 전에 풀었던 문제를 또 풀어 보라고? 이거 식은 죽 먹기인데?

❷ 종찬: 이쪽 길로 갈까? 저쪽 길로 갈까? 아~ 지금 식은 죽 먹기야!

❸ 현경: 분명 오늘은 비 안 온다고 해서 우산 안 챙겼는데! 식은 죽 먹기야.

❹ 용태: 너도 달리기 못하면서 왜 나한테만 뭐라고 하냐? 식은 죽 먹기란 말은 너한테 하는 말이야!

❺ 동순: 조바심 내지 말자. 천릿길도 식은 죽 먹기라잖아?

SCP-2800은 자신을 '위협적인 가시, 선인장맨'으로 소개하는 인간 남성이다. 스코틀랜드 혈통임이 확인되었으며, 이전 이름은 대니얼 매킨타이어였다. 키는 187cm, 체중은 76kg이고 머리카락은 갈색, 홍채는 녹색이며, 유전자 검사 결과 선인장의 DNA가 섞여 있는 것이 확인되었다. 이것이 선인장맨으로 불리는 원인으로 판단되며, 실제로 2800은 선인장과 관련된 능력을 갖춘 것으로 확인된다.

2800의 능력
* 몸의 겉면적 전체에서 길이 2~3cm의 가시를 순간적으로 자라게 할 수 있다. 시간이 지나면 가시는 저절로 떨어지고, 2800의 의지로 뽑을 수 있다.
* 광합성을 통해 영양분을 얻을 수 있으며, 체내 수분 활용 능력이 월등하게 높다. 같은 체격의 일반 남성이 먹어야 하는 물의 1/3 정도로도 살 수 있다.
* 일반인들보다 고온 건조한 환경을 더 잘 버틸 수 있다. 2800은 이론상 열사병으로 쓰러지지 않으며, 피부가 건조해지는 것 또한 막을 수 있다.
* 선인장과에 속하는 식물들과 교감할 수 있다. 실험을 통해, 2800과 의사소통을 한 선인장들은 수분 흡수와 생장 속도에 변화를 보였다.

확실히 보통의 인간에서 벗어난 능력이지만, 위협적이지는 않다. 하지만 2800은 자신을 히어로라고 말하며 계속 다른 사람들에게 도움이 되려는 모습을 보인다. 이에 재단에서는 그에게 왜 이런 능력을 갖추게 되었는지, 그 능력이 그의 영웅적 행보에 큰 영향을 끼쳤는지 물어봤다.

2800 솔직히 말하자면요. 저도 몰라요. 어느 날 자고 일어났더니, 선인장 파워가 생겼거든요. 만화 '엑스맨' 아시죠? 거기 나오는 돌연변이들처럼요. 저도 그 만화 속 캐릭터처럼 되고 싶었어요. 그래서 이 능력을 갖추고 나쁜 놈들을 때려잡는 데 사용하겠다고 다짐했죠.

박사 그래서, 많은 사람을 구했나요?

2800 아니요. 대부분 제가 불량배한테 때려잡혔어요. 생각해 보면 그래요. 전 학창 시절 때도 따돌림을 당할 만큼 약했으니까. 아무런 준비도 하지 않고 무턱대고 덤벼든 제 실수죠.

박사 하지만 그 덕분에 저희가 당신을 알게 됐습니다.

2800 네, 맞아요. 불량배들한테 반쯤 죽을 뻔한 절 구해 주셨죠. 하지만 저도 지지 않을 거예요! 전 일곱 번 넘어져도 다시 일어나는 **칠전팔기**의 사나이! 선인장맨이니까요!

박사 알겠습니다. 답변 감사합니다.

▶ **교감하다** '서로 접촉하여 따라 움직임을 느끼다'라는 뜻으로 '서로의 감정이나 생각을 나누어 가지다'라는 의미도 있다. 본문에서는 두 번째 의미로 쓰였다. 비슷한 말로는 '소통하다'가 있다.

▶ **칠전팔기** 일곱 번 넘어져도 여덟 번 일어난다는 뜻의 사자성어로, 실패를 거듭해도 계속 도전한다는 뜻이다.

1 다음 중 SCP-2800에 관한 설명으로 바르지 않은 것은? (   )

❶ 2800은 자신을 '위협적인 가시, 선인장맨'으로 소개하는 인간 남성이다.

❷ 키는 187cm, 체중은 76kg이며 머리카락과 홍채는 녹색이다.

❸ 2800은 몸 전체에 2~3cm의 가시를 순간적으로 자라게 할 수 있다.

❹ 2800은 열사병으로 쓰러지지 않는다.

❺ 선인장과 교감할 수 있다.

2 이 중에 2800이 히어로 활동을 할 때 입고 다니던 의상이 있습니다. 어떤 의상일까요? (   )

3 다음 중, 빈칸에 들어갈 말로 알맞은 것은? (   )

> (   )라는 말 모르냐? 지금 당장은 실패할 수 있어도, 계속 도전하다 보면 언젠간 성공할 거야!
> 그러니까 지금 당장의 실패에 연연하지 말고, 앞으로 뭘 고쳐 나가야 할지를 생각해! 알겠어?

❶ 군계일학   ❷ 주객전도   ❸ 배은망덕   ❹ 자업자득   ❺ 칠전팔기

SCP-469는 희고 윤기 나는 깃털이 쌓인 날개 더미로, 지름은 약 8.84m이며 무게는 약 9톤으로 추정된다. 날개의 크기는 제각각이지만, 가장 큰 날개는 최소 53m로 추정된다. 겉으로 보면 일반적인 새의 날개와 유사하지만, 엑스선으로 내부를 본 결과, 새의 날개뼈보다는 척추동물의 척추와 유사한 뼈 구조에 깃털이 자라나는 것으로 **관측되었다.** 즉, 날개로 보이는 것은 사실 날개가 아니며, 비행의 목적보다는 방어의 목적으로서 역할을 하고 있다는 결론을 만들어 냈다. 이런 결론에 닿은 가장 큰 이유는, 469 내부 핵심부에는 키가 약 6m인 인간형 생물체가 아기처럼 웅크리고 있는 것이 확인되었고, 469의 날개는 그 인간형 생물체의 척추에서부터 자란 것으로 추측된다.

469를 지금까지 관찰한 결과, 469는 소리를 '먹는' 것으로 보인다. 소리 에너지를 이용하여 신체의 성장과 자가 치료를 하는 것이 확인되었고, 이에 따라 소리의 볼륨이 크거나 주파수가 높을수록, 469의 성장도 더 빨라진다. 그런 469에도 선호하는 소리가 있는데, 바로 리드미컬한 노래나, 전화벨, 그리고 종소리다. 다행히 469의 날개 자체로는 소리를 내지 못하기 때문에, 469가 재단의 통제를 벗어나 성장하는 것은 막을 수 있다.

469는 어떤 동물이나 인간이 가까이 접근할 경우, 날개를 이용해 대상을 감싸 안는다. 깃털의 끝은 대상의 옷과 피부를 뚫을 정도로 날카로우며, 대상의 몸속에 고통을 극대화하는 신경독을 주입한다. 이때 대상이 지르는 소리를 469가 섭취하며, 대상이 여러 날개에 파묻혀 질식, 혹은 과다출혈로 사망하기 전까지 행위를 멈추지 않는다. 이와 같은 일로 인원 4명을 잃었다. 이제껏 469를 제거하려는 시도는 모두 실패했다. 화염 방사기는 불길에 타는 속도보다 타는 소리를 먹고 성장하는 속도가 더 빨라 실패했으며, 다른 절단 도구들은 469의 날개에 비해 거리가 짧아 희생자만 발생시키고 종료했다. 현재 추진 중인 방법은 산성 용액에 담그는 방법이다.

이전에 469는 연구 중에 일어난 실수로 재단 시설을 탈출한 적이 있었다. 이때 469 속 인간형 개체를 목격할 수 있었으며, 시설 옥상으로 올라간 469는 곧바로 날개를 이용해 하늘로 **도약했다.** 하지만 고도가 올라갈수록 깃털들이 더 많이 흩뿌려졌고, 결국 도약 지점에서 1.2km 떨어진 숲에 불시착했다. 이후 격리팀을 통해 469를 회수하였는데, 이때 469는 저항 없이 회수되었으며, 5개월 동안 별다른 움직임을 보이지 않았다. 관찰한 연구원들은 469가 '흐느껴 우는' 소리를 냈다고 했다.

▶ **관측** 눈이나 기계로 어떠한 변화를 알아본다는 뜻이다.

▶ **도약하다** '몸을 공중으로 날려 힘차게 뛰어오르다'라는 뜻이다. '더 높은 단계로 발전하다'라는 뜻도 있지만, 지금 본문에는 앞서 말한 의미로 쓰였다.

1   다음 중 SCP-469에 관한 설명으로 올바른 것은? (   )

❶ 469는 희고 윤기 나는 깃털이 쌓인 날개 더미로, 날개는 전부 같은 크기다.

❷ 겉으로 보면 일반적인 새의 날개와 유사하지만, 엑스선으로 관측한 결과 새의 날개뼈보다는 척추동물의 척추와 유사하다.

❸ 날개로 보이는 건 사실 날개가 아니며, 비행보다는 먹이를 탐지하는 역할을 하고 있다.

❹ 469 핵심부에는 인간형 생물체가 웅크리고 있으며, 날개는 그 생물체의 팔에서부터 자란 것으로 추측된다.

❺ 469는 소리를 먹는 것으로 보이며, 그중 전화벨과 총소리를 선호한다.

2   469를 제거하기 위해 창고에 들어왔습니다. 다음 그림에서 469를 제거할 계획으로 쓰일 도구를 찾아 동그라미를 그려 주세요.

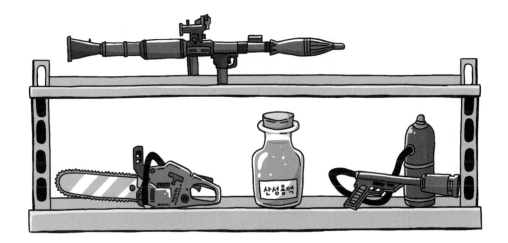

3   다음 중 '도약하다'라는 말이 올바르게 사용된 문장은 무엇일까요? (   )

❶ 바나나를 밟은 효정은, 바닥을 데굴데굴 도약했어.

❷ 해야 할 숙제가 남아 있는데도, 철민은 침대에서 빈둥빈둥 도약했어.

❸ 아이스크림을 깨물어 먹어서 그런지, 동수의 이빨이 딱딱딱 도약했어.

❹ 희철이는 구름판에서 높이 도약해 뜀틀을 넘었다.

❺ 우림은 지각하지 않기 위해 교문을 향해 전속력으로 도약했다.

SCP-2980은 제조사 불명의 백열전구다. 이 전구와 위에 달린 사각 전등갓, 전기선에는 특이점이 없다. 전등갓 양면에는 '웃는 얼굴' 로고가 그려져 있으며, 앞쪽에는 작은 스위치가 붙어 있다. 콘센트에 연결하고 스위치를 누른 후, 해당 지역의 시간이 20시 30분이 되면 전구에 불이 들어오며 붉은빛을 발산한다. 방 안은 급격히 어두워지고, 2980의 붉은빛만이 남으면 어둠 속에서 인간형 개체 하나가 나타난다. 2980-1로 지정된 이 인간형 개체는 덩치가 크고 발굽이 달린 이족 보행 생물로, 암적색 피부에 소용돌이 꼴로 말린 뿔이 한 쌍 있는 것 말고는 인간과 동일한 특성이 있다.

2980-1은 근처에 있는 아무에게나 자기가 가지고 온 소설책을 읽어 준다. 직접 썼다고 주장하는 소설을 들은 대상자는 천천히 깊은 잠에 빠지게 된다. 대상자가 완전히 잠들게 되면 2980-1은 천천히 비물질화되어 사라진다. 이때까지 2980은 계속 켜져 있으며, 잠이 든 대상자는 약 9시간 뒤에 깨어난다. 대상자들을 검사한 결과, 대상자들은 대체로 숙면을 취한 것 같다고 주장한다. 다음은 그동안 2980이 가져온 소설책의 제목과 그 내용을 일부 정리한 것이다.

2980이 가져온 소설책의 제목 및 내용

* 꼬마 우주 생도 악령 - 우주로 가고 싶어 하는 작은 악령의 이야기. 작은 악령은 우주선을 만들어 달로 출발한다.
* 형언할 수 없는 자 그로그의 잠자리 - 주인공 '형언할 수 없는 자 그로그'가 앞으로 천 년 동안 잠이 들 장소를 찾아다니는 이야기. 그로그의 피곤한 말투로 모험을 떠나는 내용이 압권이다.
* 아기 베엘제붑의 취침 시간 - 아기 곤충 인간 '베엘제붑'이 잠들 준비를 하는 이야기. 아기 베엘제붑이 담요를 덮고 잠에 빠지는 것으로 이야기가 마무리된다.

다음은 2980-1과의 면담 장면을 녹화한 것이다.

전 그동안 인간들을 고문하고 저주하는 일을 했습니다. 하지만 시간이 지나니 점점 지겨워졌죠.

그래서 천 년 동안 곳곳을 돌아다니면서 글을 썼죠. 그러다, 이곳에 왔습니다.

SCP - 2980

등급 : 안전

타입 : 물체

그렇다는 건, 이곳에도 글을 쓰기 위해 왔다는 말씀이신가요?

아니죠! 글은 썼으니, 글을 들어 줄 사람이 있는 곳으로 와야죠.

제가 쓴 '동화'가 얼마나 재미있는지! 작가로서 궁금하지 않겠습니까?

그렇군요. 어떠셨습니까? 사람들이 2980-1의 동화에 만족하던가요?

그럼요! 너무 좋아해서 눈물이 앞을 가릴 정도였어요.

그래서, 내년 봄 즈음에 이 동화들을 묶어 단편집을 따로 출판할 생각입니다. 그대에겐 특별히 공짜로 드리죠.

감사합니다. 오늘은 여기까지 하죠.

응? 어디가? 내 책 읽어야지.

녹화 종료.

▶ **압권** '소설이나 영화 같은 작품에서 가장 인상 깊고 뇌리에 박히는 장면'을 의미하는 단어다.

▶ **눈물이 앞을 가리다** 눈물이 자꾸 나오는 걸 비유적으로 가리키는 관용구다.

1 다음 중, SCP-2980에 관한 설명으로 바르지 않은 것은? (   )

❶ 2980은 제조사 불명의 백열전구로, 위에 달린 전등갓 또한 특이점이 없다.

❷ 전등갓 양면에는 우는 얼굴이 그려져 있으며, 앞쪽에는 작은 스위치가 붙어 있다.

❸ 2980을 콘센트에 연결하고 스위치를 눌러야 2980의 능력이 발동된다.

❹ 2980-1은 인간형 개체로, 2980이 발동되어야 등장한다.

❺ 2980-1은 책 한 권을 가지고 나타나는데, 그것은 2980-1이 직접 쓴 소설책이다.

2 다음은 2980-1의 인상착의를 그린 것입니다. 알맞게 그린 것은 몇 번일까요? (   )

❶   ❷   ❸

3 다음 중 빈칸에 들어갈 단어로 알맞은 것은 무엇일까요? (   )

치카: 코코야. 너 눈 왜 그래? 어디 아파?

코코: 그게 아니라, 어제 고전 연극을 봤거든. '로미오와 줄리엣'이라는 연극이었는데, 너무 슬퍼서...

치카: 그래? 어떤 장면에서 울었는데?

코코: 맨 마지막 장면. 거기가 정말 (   )이었어. 최대한 울지 않으려고 했는데, (   ).

❶ 압권 - 눈앞이 캄캄하다.　　❷ 압축 - 눈물이 앞을 가린다.　　❸ 압권 - 콧물이 앞을 가린다.

❹ 압권 - 눈물이 앞을 가린다.　　❺ 압축 - 눈 옆이 캄캄하다.

4 다음 중 2980-1이 나타나는 이유로 알맞은 것은 무엇일까요? (　　)

❶ 인간 세상을 지옥으로 만들기 위해서.

❷ 지옥 왕의 명령으로.

❸ 또 다른 글을 쓰기 위해서.

❹ 자신이 쓴 글이 얼마나 재미있는지 알고 싶어서.

❺ 모른다. 2980-1은 그 이유를 말해 주지 않았다.

5 다음은 2980-1이 나타났을 때의 상황을 그린 겁니다. 이 상황에서 가장 어색한 부분을 찾아 동그라미를 그려 주세요.

6 다음은 2980-1이 쓴 소설의 일부분입니다. 보기를 읽고, 이 소설의 제목을 빈칸에 적어 주세요.

> "하아~ 여기도 아니야."
> 주인공은 고개를 가로저었어요. 이곳은 주인공이 잠을 자기엔 너무 깨끗하고, 건조했으며,
> 너무 밝았거든요. "다른 곳을 찾아봐야지. 백 년이 걸리든, 천년이 걸리든, 내가 잘 곳을 찾을 거야!"
> 주인공이 주먹을 불끈 쥐었어요.

정답 : _____

SCP-2225는 사람과 흡사한 상반신을 가진 뱀 형태의 변칙 생명체다. 전체 길이는 대략 9m이고, 피부와 **탈피**로 벗겨진 허물에는 극소량의 은이 함유되어 있다. 등에는 다양한 색의 털이 물결치듯 나 있는데, 분석 결과 털은 인간의 머리카락과 동일한 것으로 밝혀졌다. 2225는 기지 내 야외 구역에 격리하고 있다.

2225는 인간의 머리카락만 먹는다. 이 사실은 처음 발견했을 때 알게 된 사실인데, 당시 2225는 한 박물관의 저장고로 난입해, 문화재로 지정된 일기장을 훔치고 있었다. 다행히 살상 능력이 없어 재단 요원들에게 쉽게 제압되었고, 2225를 격리 공간에 가두면서 해당 문화재 또한 분석했다. 그 결과 문화재 안에 머리카락 한 올이 땋아져 있었고, 그걸 먹기 위해 박물관에 난입한 것이 밝혀졌다. 후에 조사한 결과, 해당 머리카락은 일기장의 주인공과 그의 가장 친한 친구의 머리카락 한 올을 땋아 하나로 만든 것이었다.

이것으로 2225는 인간의 머리카락을 먹는다는 것과 그 머리카락에도 특별한 조건이 붙는다는 걸 알게 되었으며, 면담과 실험 끝에 먹이 조건을 밝혀내는 데 성공했다. 2225가 먹는 머리카락은 '친구 관계'인 두 사람의 머리카락만 먹는다. 가족, 연인, 형제, 복제 인간 등 다른 관계에서의 머리카락은 먹지 않으며, 관계의 시점은 머리카락을 뽑을 당시에 **국한된** 것으로 확인되었다.

2225는 불규칙적으로 어떤 물건을 생성하는데, 은화, 몸치장 도구, 보석 장신구, 목걸이 **로켓** 등 대체로 작은 물건을 다양하게 생성한다. 공통으로 은색이거나 은을 함유하고 있으며, 이 과정 전에는 꼭 그동안 먹었던 머리카락을 토해 낸다. 이 물건들은 연구원이 개인적으로 소유할 수는 있으나, 주인이 따로 존재하는 것이라고 한다. 아래는 2225와 면담 중 물건을 만들어 낸 상황을 녹화한 것이다.

▶ **탈피** 동물이 성장하기 위해 허물이나 껍질을 벗는 것을 뜻한다. 파충류와 양서류 동물만 하는 거니까, 탈피하지 않는다고 속상해 할 필요 없다.

▶ **국한되다** 범위가 일정한 부분에 한정된다는 뜻이다.

▶ **로켓** 목에 거는 장신구 중 한 종류를 의미하는 단어다. 발사하는 [로켓]과 같은 발음이지만, 뜻이 다르다. (발사하는 로켓 = Rocket이며, 장신구 로켓 = Locket이다.)

1 다음 중 SCP-2225에 관한 설명으로 바른 것은? (   )

  ❶ 2225의 등에는 은색 털이 일정하게 자란다.

  ❷ 2225는 은 피부를 가지고 있지만, 은이 함유되어 있지는 않다.

  ❸ 2225의 머리는 뱀의 구조로 되어 있기 때문에, 사람의 말 대신 꼬리를 흔들어 의사소통한다.

  ❹ 2225는 인간의 머리카락만을 먹는다. 다른 동물의 털은 먹지 않는다.

  ❺ 2225를 처음 발견한 건 2225의 서식지를 지나가던 등산객이다.

2 다음은 2225의 먹이를 제공할 사람들입니다. 올바른 짝은 몇 번일까요? (   )

❶

❷

❸

❹

3 SCP-2225는 박물관의 저장고에서 문화재로 지정된 '이것'을 훔치려고 하다 처음 발견되었습니다. 하루에 일어난 일들과, 간단한 소감을 적는 '이것'은 무엇일까요? (   )

  ❶ 소설책   ❷ 일기장   ❸ 가계부   ❹ 교과서   ❺ 문제집

4 다음 중, 면담 시 내용으로 알 수 없는 것은? (   )

❶ 2225는 면담 중인 박사에게 장난감 비행기를 건네준다.

❷ 2225는 그 물건을 원래 주인에게 돌려주라고 부탁했다.

❸ 해당 장난감에는 원래 은이 함유되어 있지 않았다.

❹ 원래 주인은 머리카락 제공자인 D-3178과 D-3179다.

❺ D-3178과 D-3179는 해당 물건을 사이좋게 나눠 가졌다.

5 다음은 2225가 만들어 낸 물건들을 나열한 것이다. 이 중 2225가 만들지 않은 것을 모두 찾아 동그라미를 그려 주세요.

6 설명글의 '탈피'에서 탈은 '벗을 탈(脫)'을 씁니다. 다른 '탈'을 쓰는 문장은 무엇일까요? (   )

❶ 내가 쓴 글에 <u>오탈자</u>가 너무 많다. 맞춤법 공부를 다시 해야겠다.

❷ 세탁기 <u>탈수</u> 기능이 고장 난 것 같아. 빨래가 너무 축축해.

❸ 우리 동아리에서는 <u>탈춤</u>을 배웁니다.

❹ 장 발장은 5번의 <u>탈옥</u>을 시도했고, 결국 성공했다.

❺ 시험을 치르고 나오자, 그동안 공부했던 기억들이 떠오르며 <u>허탈한</u> 기분이 들었다.

카멜레온 씨

SCP - 905
등급 : 안전
타입 : 생물

안녕하세요. 수집가 여러분! 사람들에게 꿈과 희망을 건네주는 회사! **남녀노소** 누구나 웃고 즐길 수 있는 장난감을 만드는 회사! 원더테인먼트입니다!

이 글을 보고 계신다는 건. 당신이 저에게 있어 아주 중요한 손님이란 뜻입니다. 제가 이번에 보여 드릴 건 한정판이거든요. 전 세계에서 딱 하나만 만들어진 개체 시리즈. 리틀 미스터즈! 이번에 소개해 드릴 상품은 바로 '카멜레온 씨'입니다!

이건 광자로 이루어진 인간입니다. 광자는 쉽게 말하자면. 빛이죠! 빛으로 이루어진 인간인 겁니다! 어때요! 신기하죠? 카멜레온 씨는 기본적으로 인간 남성의 형체를 가지고 있고. 지성도 가지고 있어 말과 행동을 보통의 인간처럼 할 수 있습니다. 다만. 온몸이 빛으로 이루어졌기 때문에 고체와의 상호 작용은 불가능하죠. 이 녀석한테 뭔가를 집어 달라고 하지는 마세요. 그럼 우울해 할 겁니다.

키는 175cm 정도. 몸무게는… 아까 말했다시피 고체와의 상호작용이 불가능해서요. 그런데 그게 뭐 대수겠습니까? 그것보다 더 뛰어난 능력이 생겼는걸요!

카멜레온 씨는 빛을 먹고 살며. 초당 자신 체중의 0.001%를 방출하죠. 그렇게 빛을 방출하면? 눈부시겠죠? 하지만 단지 눈부신 걸로 끝나지 않습니다. 이 방출된 빛의 파장을 주변 배경에 맞게 조절할 수 있거든요. 우리가 사물의 색을 구별할 수 있는 이유가 빛의 파장 때문 아닙니까? 그런데 카멜레온 씨가! 자기가 발산하는 빛을 주변 환경에 맞게 조절하면? 우리 카멜레온 씨는 보이지 않게 되는 겁니다! 와우! 세상에! 너무 재밌어!

물론 너무 과도하게 빛을 먹이는 건 좋지 않아요. 아마 카멜레온 씨도 아파할 겁니다. 그럼 잠시 빛을 먹이는 걸 미루고 카멜레온 씨의 변신 쇼를 감상하시면 됩니다! 혹시 빛이 없으시다고요? 그래도 카멜레온 씨에게서 발산된 빛을 도로 먹일 생각은 마십시오. 생각해 보세요. 우리도 우리 몸에서 나온 걸 다시 먹는다고 생각하면… 우웩!

아. 이런 저와 당신의 재산. 이 재산을 **표절**하려는 사람이 있을 수 있습니다. 그럴 땐 리틀 미스터즈의 신체를 살펴 보세요! 한정판에게만 있는. 특별한 문구가 새겨져 있거든요. 이번 카멜레온 씨의 문신은 왼쪽 종아리에 있습니다. "원더테인먼트 박사의 리틀 미스터 ® 카멜레온 씨". 이 문신을 꼭 기억해 주시기 바랍니다. 어떻습니까? 특별히 당신에게만 보여 드리는 제 한정판 제품인데. 구매 하시겠습니까?

▶ **남녀노소** 남자와 여자, 늙은이와 젊은이. 즉, '모든 사람'을 의미하는 말이다.

▶ **표절** 남의 시나 글, 노래 따위의 일부, 또는 전부를 베끼는 것.

1 다음 중 카멜레온 씨에 관한 설명으로 바르지 않은 것은? (   )

❶ 카멜레온 씨는 원더테인먼트에서 만들어진 개체다.

❷ 카멜레온 씨는 빛으로 이루어진 인간이다.

❸ 키는 175cm로 측정할 수 있지만, 몸무게는 특정할 수 없다.

❹ 카멜레온 씨는 빛을 먹고 살며, 분당 자기 체중의 0.001%를 방출한다.

❺ 카멜레온 씨는 자신이 방출하는 빛의 파장을 조절해 자신을 감출 수 있다.

2 다음 카멜레온 씨가 설명하는 물건을 그림 속에서 찾아 동그라미를 그려 주세요.

안녕? 원더테인먼트에서 처음으로 만들어진 사람, 빛을 먹고 싸는 남자 카멜레온 씨올시다.
이름 참, 매치가 안 된다고 생각하죠? 저도 그렇게 생각해요. '카멜레온'은 너무 파충류 같잖아요?
날 만든 회사에 정식으로 민원을 넣을까 하는데, 일단 밥부터 먹고 합시다. 제가 뭘 먹는지는 알죠?
맞아요! 빛을 먹고 삽니다. 햇빛이나 전구에서 나오는 빛, 상관없어요. 하지만 저도 제 몸에서
나오는 빛을 다시 먹지는 않아요. 그러니까 괜히 실험하겠다고 (   ) 앞에 세워 두지 말아요.
(   )로 내 빛을 반사한다면 난 바로 굶어 죽어 버릴 거니까.

3 다음 중 '남녀노소'라는 말을 바르지 않게 사용하는 아이는? (   )

❶ 윤재: 이 프로그램은 남녀노소가 보기 좋은 프로그램이야.

❷ 경수: 삼국지는 남녀노소 모두가 좋아할 만한 콘텐츠야!

❸ 찬명: 이 오디션은 어린이는 참가할 수 없지만, 남녀노소 참여할 수 있는 오디션입니다.

❹ 형만: 그 배우는 우리나라 사람이면 남녀노소 다 좋아할 만큼 최고 인기 배우잖아.

❺ 진주: 세계 평화, 남녀노소가 희망하는 소원이지.

탐사 기록 | 도원에서 망자들의 둘레춤을 보았는가

SCP-395-KO는 동해에 위치한 7,000㎡ 크기의 섬이다. 이 섬에는 사람이 열리는 꽃이 있다는 전설이 있어 이를 확인하고자 요원들을 보냈다. 아래는 그 중 한 사람이었던 금가인 요원의 탐사 기록이다.

SCP-395-KO 탐사 기록

1990년 8월 28일 저녁. SCP-395-KO 탐사는 전날 밤에 시작됐다. 나와 문장섭 대위 둘이 백영 박사님과 뇌수종 교수님을 경호하는 걸로 조를 편성했다. 그렇게 우린 395-KO에 도착했고, 놀랄 수밖에 없었다. 이 작은 섬이 복사나무로 뒤덮여 있었기 때문이었다. 그 복사나무들은 육지의 것보다도 2배 가까이 더 무성했으며, 꽃이 지지 않고 열매도 맺지 않았다. 그래서 우린 이것이 복사나무를 닮은 다른 나무라고 결론지었고, **눈코 뜰 새 없이** 빠르게 안쪽으로 탐사를 이어갔다.

안쪽에서는 이 섬에 사는 원주민과 섬 중앙에 있는 거대한 꽃을 발견했다. SCP-395-KO-1로 지정한 이 꽃은 모란과 비슷한 모습을 가졌고, 그 크기는 대략 3m를 넘는 크기였다. 개체 중앙에는 약 50cm 크기의 구멍이 뚫려 있으며, 그 내부는 확인할 수 없었다. 적어도 그들이 우리에게 준 정보는 이것이 전부였다.

SCP-395-KO-2라고 지정한 원주민들. 이들은 395-KO-1을 신으로 모시고 있었다. 기본적으로 인간을 닮았고, 그들의 생활 양식 역시 조선 시대의 양식을 가지고 있었다. 여러 신체 부위에 395-KO-1의 모습과 비슷한 작은 꽃들이 여기저기 달려 있어서, 처음엔 이들의 종교에 따른 꽃꽂이 정도로 생각했다. 하지만 우리 외부인을 담당하는 395-KO-2의 말을 들어 보니, 이 꽃들은 실제 그들의 몸에서 자라난 것으로, 395-KO-1에서 새로 태어난 증표라고 했다. 그들이 다시 태어나는 방법은 무섭도록 간단했다. 늙은 395-KO-2를 395-KO-1의 구멍에 밀어 넣는 것이다. 그럼 395-KO-1은 새로운 395-KO-2를 만들게 되고, 395-KO-2들은 395-KO-1으로부터 다시 태어날 때마다 꽃을 하나씩 얻게 된다. 하지만 그렇게 삶과 죽음을 반복하여 몸에 7개의 꽃이 달리게 되면, 395-KO-1에게 먹혀도 다시 태어나지 않고 양분으로서 소멸한다고 했다. 이 원주민들의 사회는 그렇게 현재까지 이어져 온 것이었다.

여기서 박사님들은 의문을 가졌다. 이 원주민들의 신체가 일반인보다 2배가량 느린 속도로 성장, 노화한다고 하더라도 그들의 최후는 395-KO-1의 양분으로 죽는 것인데, 395-KO-1이 새로운 원주민을 만들기 위해선 그에 따른 영양분을 **공급**해 줘야 한다. 그들은 어떻게, 어떤 방식으로 새로운 원주민을 만들게 된 것이며, 왜 그들은 우리말을 한 번에 이해하는 걸까? 그들은 지난 시간 동안 우리와 접촉한 적이 없었는데.

1990년 8월 31일 새벽. 박사님의 말이 맞았다. 8월 30일 저녁. 일몰이 되자마자 그들은 준비한 의식을 치르기 시작했다. 우리들에겐 방문자들을 위한 축제라고 했지만, 아니었다. 그들은 395-KO-1 에게 우릴 먹이려 했고, 우린 몰래 소지한 화기를 사용해 그들의 대형을 흐트러뜨릴 수 있었다. 우린 밤새 달렸고, 정신을 차려 보니 395-KO를 떠나는 배 위에 있었다.

우리가 이렇게 무사히 도망칠 수 있었던 건, 우리가 머물 숙소를 담당했던 원주민, 그의 도움이 컸다. 그는 오랜 시간 동안 우리 같은 외부인을 담당했고, 그와 얘기를 주고받았던 외부인들이 꽃의 양분이 되는 모습에 **측은지심**이 들었다고 했다. 그는 우리가 탈출할 배를 몰래 준비했고, 우리가 섬에서 무사히 빠져나올 때까지 원주민들의 시선을 돌려 주었다. 헤어지는 순간. 그는 한 가지를 부탁했다. '다음에 여길 오면, 당신네가 가진 무기 중 가장 파괴력이 센 걸 가지고 와 달라고.'

1995년 5월 7일. 포항 앞바다에 나무 상자 하나가 떠밀려 왔다. 그 안에 있던 복사꽃. 395-KO의 것이 틀림없었다. 우린 즉시 다시 팀을 꾸려 그곳으로 향했고, 그곳에서 새로운 395-KO-2를 마주했다.

그의 말에 따르면, 5년 전 우릴 탈출시킨 그는 곧바로 다른 구성원들에게 잡혀 395-KO-1에게 먹혔다고 한다. 그렇게 그는 꽃 5개를 가지고 다시 태어나려던 찰나. 395-KO-1의 마음이 전해졌다고 한다. 외부인은 물론, 배신자까지 먹으려는 그들의 행동에. 꽃은 큰 충격을 받았다고 한다. 그래서 새로 태어난 395-KO-2를 자기 잎으로 숨겨 주었고, 더는 새로운 생명을 만들지 않았다고 한다.

여기서 가장 충격을 받은 건 원주민들이었고, 꽃의 마음을 돌리기 위해 모두 꽃 속으로 몸을 던지기까지 했지만, 꽃은 아무도 되살려 주지 않았다고 한다. 그렇게 모든 395-KO-2가 사라졌고 홀로 살아남은 자신만이 이곳에 남아 우리에게 신호를 보냈다고 했다.

얘기가 여기까지 나오니. 5년 전 그가 왜 그런 부탁을 했는지 알 것 같았다. 난 남겨진 그에게 수제 폭탄을 건네주었고. 그로부터 5분 뒤 섬 전체를 울리는 진동과 함께 복사나무에 달려 있던 모든 복사꽃 꽃잎들이 떨어졌다. 섬 중앙에 있던 커다란 꽃도. 그것을 모시는 원주민들도 이제는 없기에. 우린 395-KO의 격리 등급을 무효로 조정하고자 한다.

하지만 모든 395-KO-2가 사라진 것은 아니다. 폭발과 함께 사라진 줄 알았던 마지막 원주민. 그는 꽃 6개를 단 여자아이로 다시 태어났다. 그 여자아이는 현재 재단에서 확보한 상태이며, 나중에 때가 된다면, 그녀에게 이 사실을 알려 줄 것이다.

▶ **눈코 뜰 새 없다** 정신을 차릴 수 없이 몹시 바쁘다는 뜻이다.

▶ **공급하다** 상대방의 요구나 필요에 따라 물건 따위를 준다는 뜻이다. 비슷한 말로 '제공하다'가 있다.

▶ **측은지심** 남을 불쌍하게 여기는 착한 마음을 뜻하는 사자성어.

1 다음 중 기록을 보고 알 수 있는 내용이 아닌 것은? (   )

❶ 395-KO는 동해상에 위치한 7,000m² 크기의 섬이다.

❷ 395-KO 중앙에는 커다란 은행나무 하나가 있다.

❸ 섬에는 원주민들이 살고 있었다. 그들을 395-KO-2라고 지정했다.

❹ 원주민들은 신체 부위 어딘가에 꽃이 달려 있었고, 그건 그들의 부활 수를 의미한다.

❺ 395-KO-2는 일반 사람들보다 2배 느린 성장 속도를 보여 준다.

2 다음 그림에서 최후의 395-KO-2를 찾아 동그라미를 그려 주세요.

3 다음 중 '측은지심'이란 말을 바르게 사용하는 아이는? (   )

❶ 주호: 하나를 알면 열을 알다니, 정말 측은지심이다.

❷ 태경: 너무 비관적으로 생각하지 마. 측은지심이란 말도 있잖아. 언젠가 꼭 좋은 일이 생길 거야.

❸ 병민: 은혜를 원수로 갚다니! 측은지심이란 말은 널 두고 하는 말이야!

❹ 송찬: 내 옆에서 힘들어하니까, 나도 모르게 측은지심이 생기더라고.

❺ 용천: 모든 일은 차근차근해야 해. 측은지심! 알겠지?

4 다음 중 탐사대에 대한 설명으로 옳지 않은 것은? (   )

　❶ 그들은 1990년 8월 27일. 395-KO 탐사 작전을 시작했다.

　❷ 백영 박사와 뇌수종 교수는 금가인 요원, 문장섭 대위의 경호를 받았다.

　❸ 그들은 395-KO를 탐사하던 중, 자칫 목숨을 잃을 뻔했다.

　❹ 그들이 살아날 수 있던 이유는 외부의 지원 덕분이었다.

　❺ 5년 뒤, 그들은 다시 395-KO를 탐사했다.

5 다음 그림 속 상황 뒤에 일어난 일로 알맞은 것은 무엇일까요? (   )

　❶ 포항 앞바다에서 상자 하나가 떠내려온다.

　❷ 395-KO의 첫 탐사가 이루어진다.

　❸ 탐사대가 395-KO를 탈출하기 위해 뛴다.

　❹ 원주민에게 수제 폭탄을 준다.

　❺ 마지막 남은 395-KO-2를 찾아 회수했다.

6 기록 마지막 부분을 보면, 395-KO의 격리 등급이 무효로 조정되었다고 한다. 그 이유가 뭔지 적어 보세요.

　정답

SCP 계급 안내문

환영합니다. 이 책자는 SCP 재단의 요원으로 활동하는 데 필요한 것 중 하나인, 계급에 대한 설명이 담겨 있는 안내문입니다.

이미 어느 정도 짐작하셨을 거라 예상하지만, SCP 재단의 요원에는 '계급'이란 것이 존재합니다. 현재 5등급으로 나뉘어 있으며, 각 'A 계급', 'B 계급', 'C 계급', 'D 계급', 'E 계급'으로 이름 붙였습니다.

자, 그럼 이 계급이 존재하는 이유를 설명해야겠군요. SCP는 불가사의한 존재들을 확보하고 격리하고 보호하는 단체입니다. 그런 미확인 개체의 기원을 연구하는데, 어떤 위험이 도사리고 있을지 모르죠. 그러니 우린 해야 할 일에 맞춰 계급을 나눴고, 그 계급에 맞춰 어울리는 사람을 배치해 업무에 **차질**이 생기지 않게 만들었습니다. 자, 그럼 각 계급에 대해 간단한 설명을 하겠습니다.

A 계급   재단 활동에 있어 **가장 필수적인 인원들**에게 부여하는 계급으로, SCP 개체나 기타 불가사의한 현상에 대한 보호가 가장 먼저 이뤄져야 할 계급이다. 알기 쉬운 A 계급을 꼽자면 기지 내 최고위 감독관들로 이루어진 O5 평의회가 있다.

B 계급   **재단의 외부 활동을 하는 인원들**에게 부여하는 계급으로서, 개체와의 접촉이 허가되긴 하지만, 물리적, 정신적 피해가 없는 개체만 접촉할 수 있다. 기지별 고위 감독관들이 속해 있는 계급이다.

C 계급   정신적으로 변칙성을 발현시키지만, 크게 유해하지 않은 개체들과의 접촉이 허가된 계급이다. SCP 연구원과 시설 관리인, 경비원 등, 다양한 보직의 사람들이 이 계급에 해당되며, 가장 많은 인원이 포함되어 있다.

D 계급   극도로 유해한 개체들을 다룰 때 소모되는 인원들에게 부여하는 계급이다. A와 B 계급과 접촉 및 대면이 허가되지 않으며, 사회에서 범죄를 저지르고 온 범죄자들이 주로 포함되어 있다. 인원의 변동이 가장 크며, 실험 중 죽은 사람이 비일비재하게 발생하는 계급이다. 하지만 허튼짓만 하지 않는다면, D 계급으로 강등당하는 일은 없으니 걱정할 필요는 없다.

E 계급   새로운 개체를 확보, 격리하는 현장 요원들에게 부여하는 임시계급으로 SCP 개체와 가장 직접적으로 싸우는 계급이다. 작전이 끝나면 E계급의 인원들은 전부 검사를 받아야 하며, 이상이 없음을 확인해야 해당 계급에서 벗어날 수 있다.

▶ **차질** 하던 일이 의도에서 벗어나 틀어지는 일을 의미한다. 주로 '차질이 생기다', '차질을 빚다'처럼 사용한다.

▶ **비일비재** 같은 현상이나 일이 한두 번이나 한둘이 아니고 많다는 뜻의 사자성어다. 비슷한 사자성어로 '부지기수'가 있다.

1 다음 중 안내문 속 설명에 관해 바르지 않은 것은? (　　)

❶ 이 안내문은 SCP 재단에 있는 계급에 관해 설명한 안내문이다.

❷ 재단에는 총 5가지 계급이 있으며, 이 계급은 A, B, C, D, E로 이루어져 있다.

❸ 이렇게 계급을 나누는 이유는 이들이 연구하는 개체들이 위험할 수 있기 때문이다.

❹ B 계급 인원은 물리적, 정신적 피해가 없는 개체만 접촉할 수 있다.

❺ E 계급은 개체를 확보하는 현장 요원에게 부여하는 계급으로, 한 번 E 계급이 되면 죽을 때까지 계급을 벗어나지 못한다.

2 다음 그림 속 사람들이 속할 계급과 짝지어 주세요.

C 계급　　　　　　　　D 계급　　　　　　　　E 계급

3 다음 중, '비일비재'란 말이 들어갈 문장으로 가장 어울리는 것은? (　　)

❶ 이 음료수 하나를 사면 하나를 더 받을 수 있다니, 완전 (　　　　)인데?

❷ (　　　　)이구나! 스승보다 뛰어난 제자가 나타나다니!

❸ 저 녀석 한 명 때문에 우리 팀 애들이 (　　　　)으로 당하는구나!

❹ 철수는 시험 때마다 컨닝 페이퍼를 만들어. 아주 (　　　　)해.

❺ 수빈은 (　　　　)처럼 빠르게 달려오더니, 도둑을 잡는 데 성공했어.

우리가 한 것, 우리였던 것

SCP - 2959
등급 : 케테르-포티시미
타입 : 생물

다니엘에게.

안녕하세요 다니엘? 저 로이입니다. 전 지금 ■■기지의 D 계급 막사에 있습니다.

이렇게 편지를 보낸 건, 우리가 의심했던 '그것'이 나타났기 때문입니다.

SCP-2959. 언제부터인지 D 계급 막사에서 생성된 D 계급 집단이죠. 성별, 인종, 연령과

출신이 각양각색이고, 특정한 패턴이 존재하지도 않습니다. 그들이 재단 인원들에게 '박사님'

이라는 호칭을 쓴다고는 하지만, 그것만으로는 다른 D 계급 인원들과 2959를 구분할 수

없었습니다. 하지만 그들을 찾아내는 데 생각지도 못한 방법이 생겼습니다.

그들과 같이 생활한 결과, 그들은 제가 D 계급이 아니라는 걸 알았습니다.

그뿐 아니라 제가 윤리 위원회에서 위장 잠입한 요원이라는 사실도 알고 있었죠.

그러다 보니 그들은 같은 D 계급인 저한테 '박사님'이라고 부르더군요. 이것 때문에 저도

다른 직원들에게 들킬 뻔했습니다만, 반대로 2959들을 찾아내는 데 확실한 방법이 됐습니다.

절 처음 본 사람이 '박사님'이라고 한다? 무조건 2959인 거죠.

그렇게 전 이곳에 총 138명의 2959가 있다는 사실을 파악했고, 이들의 소재도 파악하는

데 성공했습니다. 같이 보낸 종이에는 그들의 번호가 적혀 있습니다. 이들을 처분할 방법과

더불어, 2959와 접촉한 사람들의 기억 소거를 요청합니다.

로이 올림.

다니엘에게.

다니엘, 저 로이입니다. 더 지체하면 안 될 것 같아 이렇게 또 편지를 보냅니다.

2959를 처리하는 데 성공했고, 현재 이곳에 더 이상 2959가 남아 있지 않습니다.

하지만 아직 끝나지 않았습니다. 2959와 접촉했던 재단 인원들이 있으니까요.

2959와 접촉한 인원들은 다른 연구원들에 비해 도덕성이 낮아지고,

타인의 고통에 조금도 공감하지 않게 됩니다. 이 성향은 결국 D 계급을 죽게 만드는

실험으로 발전하게 됩니다. 식인 괴물의 포만감을 알아보는 실험?

이런 말도 안 되는 실험이 지금 일어나고 있단 말이에요.

우리 윤리 위원회가 존재하는 이유가 뭡니까? 재단이 본래 목적을 잊고

필요 이상으로 가혹한 행위를 하는 걸 방지하기 위해 만들어진 것 아닙니까?

이곳 직원들의 기억 소거와 더불어, 기지 안으로 윤리 감사를 초청해야 합니다.

시간이 없습니다. 서둘러 주세요.

로이 올림.

▶ **각양각색** 여러 가지 모양과 빛, 다양한 모양을 의미하는 사자성어. 비슷한 말로 '형형색색'이 있다.

▶ **포만감** 배가 부른 느낌을 의미한다.

94

1   다음 중 편지를 보고 알 수 있는 내용이 아닌 것은? (   )

❶ 이 2개의 편지는 다니엘이 로이에게 보내는 편지다.

❷ 로이가 언급하는 SCP 개체는 2959다.

❸ 로이는 D 계급으로 위장 잠입한 요원이다.

❹ 로이는 총 138명의 2959를 발견했다.

❺ 로이는 다니엘에게 2959와 접촉한 사람들의 기억 소거를 요청했다.

2   다음 그림에서 일반 D 계급과 2959, 로이 요원을 찾아 보세요.

❶ : (   )   ❷ : (   )   ❸ : (   )

3   이 편지로 다니엘과 로이가 윤리 위원회에 있다는 사실을 알 수 있습니다. 윤리 위원회가 있는 이유가 뭔지 적어 주세요.

> **정답**

셔먼 박사에게.

안녕하신가요? 이렇게 내가 먼저 연락할 줄은 몰랐습니다. 접니다. SCP-049.

다름이 아니라, 절 이곳에 초대했을 때 했던 약속. 그 약속에 관한 얘기를 나눠 봐야 할 시간이 온 것 같습니다. 직설적으로 말하면, 왜 약속을 어기는지 알고 싶습니다.

제가 처음 이곳에 왔을 때, 당신네는 제게 실험할 실험체를 제공해 주기로 했습니다. 역병을 연구하고, 사람을 치료하기 위해 실험체 연구는 필수적이니까요.

하지만 당신은 내 요구를 받아들이지 않았습니다. 처음에야 인간, 오랑우탄 같은 실험체를 제공했지만, 지금은 염소, 소 같은 것들로 시간을 낭비하고 있지 않습니까?

이건 신뢰의 문제가 아닙니다. 의학 발전에 제동을 거는 겁니다.

혹시 얼마 전 사건 때문에 그런 건가요? 날 대면하던 레이먼드 햄 박사를 죽게 만든 것?

그건 어쩔 수 없었습니다. 그에게서 역병의 기운이 느껴졌단 말입니다.

제가 그렇게 치료하지 않았으면, 그는 머지않아 죽었을 겁니다. 이건 확실하다고요.

물론 저 때문에 그가 사망에 이르렀단 건 부정하지 않겠습니다.

제 몸에 직접적으로 닿은 인간은 모두 죽어 버리니까. 하지만 이건 이렇게 생각해 보시죠.

사망이 아닙니다. 역병을 치료받을 수 있는 최적의 상태가 된 겁니다.

그러니 이제 그만 화를 푸시고, 예정대로 실험체 제공에 차질이 생기지 않게 해 주세요.

기왕이면 인간으로 부탁드립니다. 모든 것은 의학의 발전을 위해!

SCP-049가. (이 번호가 익숙해졌군요.)

SCP-049 에게

안녕하십니까? SCP-049. 보내 주신 편지는 잘 읽었습니다.

하지만 잘못된 내용이 있어 그 부분을 수정하고자 답장을 보냅니다.

햄 박사는 당신한테 공격당해 죽었어. 면담 중 당신이 발작을 일으키더니,

햄 박사를 붙잡아 죽게 했다고. 그리곤 햄 박사를 살아 있는 시체로 만들어 버렸지.

도대체 뭐가 역병이야? 햄 박사는 어떤 질병에도 걸리지 않았다고!

그리고 당신이 실험으로 만든 시체? 그건 우리들끼리 049-2라고 불러.

괴상망측한 방법으로 그것들이 살아 움직이는 거? 그건 치료가 아니야. 좀비지.

결국 햄 박사도 049-2가 되어 사살시켰어야 했고, 우린 더 이상 자네에게

영장류 실험체를 제공하지 않기로 했네. 평생 그 안에서 벌레나 잡고

있으라고. 흑사병 의사 양반.

셔먼 박사가.

▶ **제동을 걸다** 일의 진행이나 활동을 방해하거나 멈춘다는 뜻이다.

▶ **괴상망측하다** 기분이 나쁠 정도로 상식에서 벗어나 아주 이상하단 뜻이다.

1 다음 중 편지를 보고 알 수 있는 내용이 아닌 것은? (　　　)

❶ 이 편지는 049가 셔먼 박사한테, 셔먼 박사가 049에게 보내는 편지다.

❷ 049가 편지를 쓴 이유는 약속을 지키기 위해서다.

❸ 049는 얼마 전, 재단 직원을 한 명 죽였다.

❹ 049의 실험으로 만들어진 시체들은 049-2로 불린다.

❺ 셔먼 박사는 049의 요청을 들어주지 않을 생각이다.

2 다음은 049에게 실험체를 제공하는 상황입니다. 049가 가장 좋아하는 실험체를 찾아 동그라미를 그려 주세요.

3 다음 중, '괴상망측하다'라는 말을 올바르게 사용하는 아이는? (　　　)

❶ 고현: 병규는 운동을 꾸준히 해서 근육을 만들었더라. 근육이 괴상망측하던데? 멋지더라.

❷ 석재: 괴상망측한 방법으로 탐관오리들을 잡아 낸 홍길동은 백성들의 영웅으로 기억됐어.

❸ 주경: 이 괴물 그림 뭐야? 진짜 괴상망측한데? 또 볼까 봐 무서워.

❹ 도천: 어제 내가 좋아했던 현주가 나한테 고백했어. 진짜 괴상망측했어.

❺ 광식: 오늘은 뭔가 느낌이 좋아. 아주 괴상망측하다고.

원더테인먼트 박사의 존재론적인 6번 당구공®

SCP - 609
등급 : 케테르
타입 : 물체

나는 생각한다.
고로 존재하게 만든다!

어린이 여러분! 여러분은 살면서 진짜인지 가짜인지 구별이 안 될 때가 있었나요?
지금 이 장난감이, 이 공책이, 이 세상이 진짜인지 가짜인지 헷갈릴 때가 있다고요?
그런 여러분을 위해 준비한 이 상품! 원더테인먼트에서 만들어 낸 환상의 장난감!
바로 존재론적인 6번 당구공입니다!
지름 57.15mm 크기의 당구공. 그냥 평범한 당구공 아니냐고요?
자, 그럼 이걸 어떻게 가지고 놀면 좋을지 사용 방법을 알려 드릴게요.

사용 방법

사용 방법은 간단합니다.
먼저 상자를 개봉하시면 안에 설명서가 있습니다.
이 설명서를 한 번 읽어 보시면 준비가 끝났습니다.
총 32장으로 이루어진 설명서를 다 읽으셨으면, 이제 눈을 감고 공을 떠올립니다.
이 포장부터 설명서까지 이곳저곳에 있는 그 녹색 당구공을 떠올리면 됩니다!
그러면 짜잔! 하늘을 나는 당구공이 나타날 겁니다!
그럼 이제 해야 할 건 뭐다? 가지고 놀아야죠!
존재론적인 6번 당구공은 공중 부양, 비행이 가능

오호!
정말 존재하는군!

합니다! 그리고 여러분이 생각하는 대로 이동할 수 있어요.
부엌이든, 화장실이든, 런던이든, 만리장성이든 달이든!
생각한 대로 움직일 수 있고, 개수를 늘릴 수도 있습니다.
이 당구공을 변형하거나 제거할 수는 없지만, 그래도 정말 놀랍지 않습니까?
이 존재론적인 6번 당구공을 가지고 '진짜'를 경험해 보세요!

*이 제품은 소멸이 불가능한 제품이므로 교환 및 환불이 불가합니다.
이 제품으로 일어나는 일에 대한 책임은 여러분이 지셔야 하는 점 명심하시길 바랍니다.

▶ **공중 부양** 중력에 대항하여 공중에 떠 있는 행위. 실생활에선 보기 쉽지 않다.

▶ **명심하다** 잊지 않도록 마음에 깊이 새긴다는 뜻이다.

1 다음 중 본문에 관한 설명으로 올바르지 않은 것은? (　　　)

❶ 본문에서 광고하는 건 원더테인먼트 박사의 존재론적인 6번 당구공이다.

❷ 이 장난감은 지름 57.15mm 크기의 당구공이다.

❸ 총 30장의 설명서를 읽고 나면, 6번 당구공을 소환할 준비가 다 됐다.

❹ 존재론적인 6번 당구공은 공중 부양과 비행이 가능하다.

❺ 이 제품은 환불이 불가능한 제품이다.

2 다음 그림은 609의 능력을 보여 주는 그림입니다. 그림 속에서 어색한 609를 찾아 동그라미를 그려 주세요.

3 광고문에는 '캐치프레이즈'라는 게 있다. 다른 사람들의 주의를 끌기 위해 사용되는 짧은 문구, 혹은 문장을 말하는데, 과연 이 글에서 609의 캐치프레이즈는 무엇일까요?

정답 :

외로운 남자

SCP-451은 키 1.6m의 백인 남성으로 이전에 재단 요원으로 활동했던 M■■■■■ J■■■■ 이다. 작전 수행 중 변칙성이 발현되어 지금의 개체가 되었는데. 그는 다른 사람의 행동이나 존재를 인지하지 못한다. 마치 온 인류가 사라지고 자기 혼자만 남은 세상에 처한 셈인데. 451은 이 사실을 정확히 알지 못하며 그가 느낀 것을 메모장에 적어 놓았다. 아래는 그 일기를 정리한 것이다. [이 괄호 안에 있는 내용은 451의 관찰일지다.]

20■■/06/05

모든 사람이 세계에서 사라진 지 한 달이 지났다. 그 개체를 만지지 말았어야 했다. 그때 지원을 요청했어야 했다. 그랬다면 최소한, 다른 누군가가 인류를 말살시켰다고 비난할 수 있었을 테니까. 지금은 19 기지에 가기 전의 마지막 도시에 있다. 다른 곳에 혹시나 생존자가 있을 수도 있으니 펜과 메모장을 챙겨 쓸 수 있는 것을 쓰기로 했다. 그러나 여기도 사람이 사라진 듯하다. 난 망망대해에 혼자 있는 거야. 도로변에는 차들이 주차되어 있고 식탁에는 따뜻한 음식이 놓여 있다. 시간이 멈춰 있는 것 같지만 낮과 밤이 반복되고 달력은 항상 맞다. 처음 일어났을 때보다 모든 게 조금 더 이해하기 힘들어졌다. 내일은 19 기지로 향할 것이다. 어딘가에 찾는 해답이 있다면 그곳에 있겠지. 손상을 되돌릴 방법을 찾을지도 모른다. [마침내 451이 펜과 메모장을 주워 일기를 쓰기 시작했다. 이것으로 우린 451이 어떤 상태인지 짐작할 수 있다. 메모장을 훔쳐본 결과, 451이 지금 19 기지로 간다는 사실을 알게 되었다. 우린 그가 무사히 19 기지로 올 수 있게끔 그의 주위를 둘러쌓았고, 예상대로라면 2일 후 19 기지에 도착할 것이다.]

20■■/06/08

오늘 아침에 다시 식당으로 돌아갔다. 쟁반에는 아직도 음식들이 모락모락 김을 피워 내고 있었고 반쯤 먹은 음식들이 테이블 위에 널려 있었다. 그중 가장 멀쩡한 음식을 골라 먹어 치우고 나니, 왜 여기에 음식이 있는지 의문이 들기 시작했다. 세상이 이렇게 된 지 한 달이 넘었는데, 지금 먹은 음식이 과연 언제 만들어진 건지 모르겠다. 하지만 이런 와중에 내가 쟁반에서 가져왔던 수프가 사라졌다. 내 수프! 어디 갔어! 어쩌면 슬슬 지루해지고 있는지도 모르겠다. 여기 온 뒤로는 별로 생산적인 일을 하지 않았다. 내일은 최근 문서를 보고 누군가 뭔가 이상한 걸 감지하지 않았나 봐야겠다. [451가 식당에 오더니 다른 직원들의 음식을 먹어댔다. 이에 음식을 뺏긴 직원이 451의 수프를 가져가 버리는 행동을 벌였는데, 그러자 451은 자기 수프를 인식하지 못하는 것으로 확인되었다. 우린 그 직원에게 작은 징계 처분을 내리고 451의 행동을 관찰했다. 그가 인식할 수 있는 것과 없는 것. 그것을 구분하는 것이 먼저다.]

20■■/06/11

누군가 날 미행하는 듯한 느낌이 들기 시작했다. 예민해서 그런 거겠지. 불길한 마음을 떨치려고 근처 아무 사무실에 침입했다. 서류철 하나가 책상 위에 있었는데, 잠시 눈을 뗀 순간 사라졌다. 내가 미쳐가는 걸 수도 있지만 거기 있었다고! 서류함의 자물쇠를 따는 데는 성공했지만, 열려고 했을 때 움직이지 않았다. 마치 스스로 걸어 잠그는 듯했다. 다른 5개의 사무실의 서류함에도 도전해 봤지만 똑같은 일이 벌어졌다. [451이 한 박사의 사무실로 무단 침입했다. 방을 침범당한 박사에게 상황을 설명하기도 전에, 서랍에서 서류철 하나를 꺼내 들었다. 그러자 박사는 즉시 서류철을 가로챘는데, 451의 반응을 보아 다른 사람과 접촉해도 느끼지 못하는 것으로 보인다. 그나저나, 저 서랍에 뭐가 있길래 기를 쓰고 막는 거지?]

20■■/06/17

옷을 입는 것을 포기했다. 기지 온도가 자동 조절되는 것을 깨달았기에 내가 실제로 필요한 건 운동화밖에 없다. 누군가가 볼 것도 아니잖아. 아직도 유용한 것을 찾지 못했다. 어딜 가든지 막혀 있다. [451이 옷을 입지 않기 시작했다. 지금 주위에 적어도 5명이 지켜보고 있다는 사실을 알았으면 하는데, 아무래도 옷을 입힐 방법을 찾아봐야겠다.]

20■■/06/18

덜덜 떨며 깨어났다. 온도계가 섭씨 5도를 가리켰다. 소각로에 내 옷을 넣지 않았으면 좋았을 텐데. 난 친구 롬멜의 방을 기억해 그의 옷을 좀 훔쳤다. 내겐 너무 크지만, 최소한 따뜻하게 있을 수는 있잖아. [451에게 옷을 입힐 방법은 간단했다. 그가 사용하는 방의 온도를 내리니 451이 추위를 느끼곤 방을 나왔다. 그리곤 내 방으로 가서 옷을 입는데, 쟤가 내 방 비밀번호를 어떻게 알고 있지?]

20■■/07/02

어제는 내가 모두를 죽인 지 2달째 되는 날이었다. 롬멜의 책상 뒤에 쟁여 놓은 맥주로 기념했다. 두 번째 잔은 그를 위해 마셨다. 기절할 때까지 내가 죽인 사람을 하나하나 기리며 한 잔씩 걸쳤다. 지금 이 모습을 롬멜이 보게 된다면, 아마 목에 핏대를 세우고 나한테 소리칠 텐데 말이야. [내 술 먹지 마! 내가 방을 옮기든지 해야겠다.]

20■■/07/03

롬멜의 방이 비어 있다. 그게 오래가지 못할 거라는 걸 깨달았어야 했는데. 울적한 마음에 식당 테이블에 나타난 샌드위치를 통째로 먹어 치웠다. 후회했다. [방을 옮겼다. 그러니까 왜 내 맥주를 훔쳐 먹냐?]

▶ **망망대해** 크기가 한없이 커서 끝이 보이지 않는 바다를 뜻하는 말이다.

▶ **목에 핏대를 세우다** '몹시 노하거나 흥분하다'라는 뜻이다.

1 다음 SCP-451에 관한 설명으로 바르지 않은 것은? (　　)

❶ 451은 재단에서 일하던 요원이었다.

❷ 451은 자신 외 다른 존재들을 인식하지 못한다.

❸ 451은 자신의 변칙성이 발현된 지 한 달 후, 자신이 겪은 일을 메모장에 적기 시작했다.

❹ 451은 지금 17 기지에 있다.

❺ 451은 옷을 벗고 다닌 적이 있지만, 방 온도를 낮추는 것으로 다시 옷을 입히는 데 성공했다.

2 다음은 451의 일기 내용과 날짜가 섞이고 말았습니다. 알맞은 날짜와 내용을 짝지어 주고, 남는 날짜가 무엇인지 적어 주세요.

❶	❷	❸
옷을 입는 것을 포기했다. 기지 온도가 자동 조절되는 것을 깨달았기에 내가 실제로 필요한 건 운동화밖에 없다.	내일은 19 기지로 향할 것이다. 어딘가에 맞는 해답이 있다면 그곳에 있겠지.	내 수프! 어디 갔어!

　●　　　　　　　　　　●　　　　　　　　　　●

ⓐ	ⓑ	ⓒ	ⓓ
6월 5일	6월 8일	6월 11일	6월 17일

남는 날짜 : _____

3 다음 중 '망망대해'를 가장 잘 설명하는 말로 알맞은 그림은 무엇일까요? (　　)

4　다음 451 관찰일지에 관한 설명으로 바른 것은? (　　)

❶ 451의 수프가 사라진 것은 다른 직원의 돌발 행동 때문이다.

❷ 451이 연구진의 경호 없이 무사히 19 기지로 들어왔다.

❸ 관찰 일지를 쓰는 사람은 451과 아무런 사이도 아니다.

❹ 지금 451을 관찰하는 인원은 한 명이다.

❺ 451이 먹은 맥주는 451도 관찰 일지 속 인물도 아닌, 제삼자의 물건이다.

5　다음은 451을 관찰하던 중 촬영한 사진이다. 이 사진에서 이상한 점을 찾아 동그라미를 그려 주세요.

6　다음 중 '목에 핏대를 세우다'를 올바르게 사용하는 아이는 누구일까요? (　　)

❶ 경환: 이 게임기를 사기 위해 목에 핏대를 세울 정도로 오래 기다렸어.

❷ 우석: 노래를 시작하기 전에, 간단하게 목에 핏대를 세웠어.

❸ 지민: 옛 속담에 '닭 쫓던 개 목에 핏대를 세운다.'라는 말이 있지.

❹ 철준: 영수와 병찬은 서로 목에 핏대를 세우며 싸웠어.

❺ 영군: 세 살 버릇 목에 핏대를 세운다더니, 아직도 그 버릇 못 고쳤냐?

SCP-005-KO는 가로세로와 높이가 각각 10m, 10m, 3m인 거대 버섯이다. 005-KO의 외형은 일반적인 광대버섯에 창문 2개, 나무 문이 몸통에 달려 있고 갓에는 굴뚝이 달려 있다. 나무 문에는 '107'이라는 문패가 달려 있으며 몸통의 문을 통해 005-KO 내부로 들어갈 수 있다.

005-KO 내부에는 일반 가정집에 있는 가구와 전자 제품이 배치되어 있으며, 내부에 들어온 생명체에 따라 내부를 재구성한다. 안으로 들어온 생명체는 내부 천장에서 떨어지는 포자의 효과로 극도의 편안함을 느낀다. 그래서 생명체가 005-KO의 내부로 들어가면 스스로 밖으로 나오지 못하는데, 그렇게 3일이 지나면 흡입한 포자들이 체내에 퍼져 버섯으로 자라난다. 이 상태로 최소 7일이 지나면 개체는 완전한 **동충하초**가 된다. 대상이 동충하초가 되어 활동을 멈추면 005-KO도 **휴면**에 접어든다. 아래는 005-KO를 실험한 내용의 일지다.

투입 인원: D 계급 인원 'D-2810'　　　　　　　　　실험 담당 박사: M.K 박사

실험 내용: 첫 실험. 2810이 사망할 때까지 상태 관찰만 하기로.

결과: 들어간 지 10일 후에 완벽히 동충하초가 됐다. 개체는 일부 해부되어 실험에 쓰이고 나머지는 소각되었다.

투입 인원: D 계급 인원 'D-1921', 'D-9812'

실험 내용: 대상의 수가 늘어나면 그만큼 가구도 늘어나는지. 체내에 버섯이 자라기 시작하는 시점이 언제인지.

결과: 둘이 들어가자 침대가 하나 더 늘어났다. 컴퓨터 2대와 전화기, 목욕탕도 배치되었다. 3일이 되기 직전, 로봇을 이용해 둘을 끌고 나왔다. D-1921의 신체 일부는 버섯으로 변했고, D-9812는 약간의 고통만 호소할 뿐 상태에 큰 변화가 없었다.

투입 인원: 집돼지 한 마리와 황소 한 마리

실험 내용: 사람이 아닌 동물을 투입했을 때의 변화를 알아보기 위해

결과: 침대는 짚으로, 식탁은 구유로, 냉장고는 여물 보관소로 변했다. 또한 내부에 작은 진흙탕과 울타리가 배치되었으며, 바닥도 흙밭으로 바뀌었다. 두 개체 모두 10일 후 동충하초가 됐다.

▶ **동충하초** 곤충을 숙주 삼아 그 내장을 먹고 자라는 버섯 종류를 의미한다.

▶ **휴면** 생물의 활동, 또는 생장이 일시적으로 정지되는 것을 말한다. 죽은 듯 보이지만 죽은 건 아니다.

▶ **구유** 말, 소나 돼지에게 먹이를 담아 주는 긴 형태의 그릇이다.

1 **다음 중 SCP-005-KO에 관한 설명으로 옳지 않은 것은? (   )**

❶ 005-KO의 높이 3m이고, 창문 2개, 나무 문이 달린 버섯이다.

❷ 005-KO의 문에는 '107'이라는 문패가 달려 있다.

❸ 005-KO 내부에는 가구와 전자 제품들이 배치되어 있으며, 이는 재단 인원들이 준비한 것이다.

❹ 005-KO 안으로 들어가면 포자의 효과로 극도의 편안함을 느낀다.

❺ 소와 돼지를 005-KO 안에 들여보냈을 때는 동충하초가 되는 데 10일이 걸렸다.

2 **다음은 실험 중 촬영한 005-KO의 내부입니다. 005-KO의 능력을 생각해 봤을 때, 안에는 어떤 생명체가 들어가 있을까요?**

정답 : _____

3 **다음은 005-KO를 실험하던 연구원들 대화의 일부다. 빈칸에 들어갈 단어를 유추하여 적어 주세요.**

A: 그런데 말이야. 우리가 이렇게 실험하면 뭐가 남지?

B: 뭐가 남기는? 소나 돼지 모양의 (   )가 남잖아. 우리 기지 자랑.

A: 자랑? 그 정도야?

B: 그럼! 맛은 고기인데, 씹을 땐 버섯처럼 쫀득쫀득하잖아. 아마 우리 기지에서 이거 싫어하는 직원 없을걸?

A: 그래? 그럼 우리가 더 자주 연구해야 하나?

B: 그래야지!

정답 : _____

부서진 신의 교단에서 온 편지

부서진 신의 교단에서 온 편지

SCP 재단에게 우리의 뜻을 촬영해 보낸다. 우린 '부서진 신의 교단'이다. 위조가 아님을 알리기 위해 우리 교단에 대해 간단한 설명을 덧붙이겠다.

우린 기계 여신 '메카네'의 의지를 받든다. 고대의 악신 '얄다바오트'를 봉인하기 위해 우리의 신은 자기 심장으로 그를 가뒀다. 우린 그녀의 희생을 기억한다. 우린 그녀의 의지를 기억한다. 우린 그녀를 따라 살과 피를 경멸한다. 우린 우리의 신을 따라 우리의 몸을 기계로 바꾼다. 그리고 훗날 그녀가 부활해 모든 기계 부품이 하나로 뭉쳐지는 순간. 우린 그녀의 부품이 되는 영광을 받을 것이다.

최근 우리 쪽 정보원에게서 한 정보를 듣게 됐다. 우리가 그토록 찾아 해맸던 메카네의 심장. 그것을 너희가 찾았다는 것을. 우린 그것이 우리 것임을 주장한다. 그것은 우리가 숭배하는 여신의 일부이며, 그녀를 부활시킬 가장 중요한 물건이다. 물론 이것만으로 너희들이 넘겨주지 않을 것을 알고 있다. 그대들은 우리가 기계 따위를 숭배하는 **사이비** 종교로 보이겠지. 진실을 알려 줘도 말이야. 여기에 대해서 할 말은 많지만 그건 다음에 얘기하겠다. 이 영상은 잘못을 따지려고 찍는 것이 아니다. 지금 우리에겐 공통의 적이 있으니까. 바로 사르킥 교단 말이다. 악마의 살덩이들. 악신 얄다바오트를 섬기며 우리의 여신을 빼앗아 간 장본인들.

이미 알고 있겠지만 그들과 우린 고대에서부터 싸워 왔다. 얄다바오트 때문에 더러워진 세상을 청소하는 것이 우리의 사명이었으며, 그들의 수장 '이온'이 일으킨 전쟁에 우린 수많은 희생을 감내해야 했다. 그런데 지금. 그들은 뻔뻔스럽게도 얄다바오트의 부활을 바라고 있다. 메카네의 희생으로 살아난 생명 주제에 **은혜를 원수로 갚고** 있는 것이다. 그들은 분명 너희들에게 접근할 것이며, 메카네의 심장을 파괴해 얄다바오트를 부활시킬 것이다. 그것이 사르킥에게 넘어가선 안 된다. 그럼 인류는 멸망하고 말 것이다. 만약 사르킥 교단의 견제가 걱정된다면 우리가 도와주겠다. 이 사안에 대해서만큼은 그동안의 감정을 풀고 기꺼이 협력할 뜻이 있다. 우리의 뜻을 잊지 마라. 결정됐다면 언제라도 좋으니 연락을 달라.

▶ **사이비** 겉으로는 비슷하나 본질은 완전히 다른 것을 뜻한다. 순화하면 '가짜', '겉 비슷'이 있으며, 주로 종교 앞에 붙여서 쓴다.

▶ **은혜를 원수로 갚는다** 상대방에게 은혜를 받았는데 고맙다고 하긴커녕 피해를 준다는 뜻이다.

사르킥 교단에서 온 편지

반갑네. 사르킥 교단의 교주 □□□□일세. 아마 부서진 신의 교단 쪽에서도 연락했겠지.

그들이 하는 말은 무시해라. 그들은 눈에 보이는 것만 믿는 놈들이지. 차갑고 무거운 것을 좋아하고. 모시는 신을 따라 자신을 난도질하는 녀석들이라고. 우린 그런 말도 안 되는 교리를 가진 그들을 경멸해. 신에게 기대어 모든 것을 신처럼 만들려는 저 막무가내식 교리가 그들을 한층 더 역겹게 만들지.

뭐. 이런 얘기를 하려고 한 건 아니었어. 내가 연락한 데에는 다른 이유가 있네. 메카네의 심장을 찾았다고 하더군. **단도직입**적으로 말하겠네. 그걸 우리에게 넘기게나.

오해할까 봐 하는 말인데. 우린 얄다바오트를 부활시킬 생각이 없어. 우린 얄다바오트의 존재만 믿을 뿐. 그것을 섬기진 않아. 오히려 그것을 뛰어넘는 초월적 존재가 되어야 한다고 생각하지. 우리의 첫 교조 '이온'께서 그것의 능력을 일부 사용하긴 하셨지만. 결코 그것을 위해 제물을 바치진 않았어.

그런데 이 뜻을 알아듣지 못하는 존재들이 있지. 바로 부서진 신의 교단. 그들은 고대 기득권층이었으니까. 한낱 노예에서 제국을 만들어 낸 우리 교조를 **탐탁지 않게** 봤을 거야. 위기라고 생각했을 테지. 그래서 주위 국가들과 손을 잡고 우릴 공격한 거야. 우리가 얄다바오트의 힘을 일부 사용한 걸 빌미로 우리를 악마 취급하고 말이야. 우린 제국을 지키기 위해 최선을 다했지만 끝내 무너지고 말았네. 바로 이게 저들이 감추고 싶어 하는 진실이지.

그래서 메카네의 심장이 필요하네. 저 고철들이 여신을 되살리겠답시고 수작을 부리지 않기 위해! 그들이 메카네를 부활시키면. 얄다바오트 또한 부활할 거야. 우리가 그의 힘을 이용할 때도 있지만. 그것의 재림을 원하는 것은 아니야! 그것만은 막아야 해!

분명히 말하겠네. 우린 얄다바오트를 섬기지 않아. 내가 이렇게 연락을 보낸 건 부서진 신의 교단 놈들이 세상을 망치는 꼴을 볼 수 없어서야.

조만간 또 연락하지. 그때 보자고.

▶ **단도직입** 하고 싶은 말의 요점이나 문제의 중심을 곧바로 말한다는 뜻이다.

▶ **탐탁지 않다** 어떤 모양이나 태도, 일 따위가 마음에 든다는 의미의 '탐탁하다'에서 부정을 섞어 만들어진 문장이다. 마찬가지로 의미도 부정적으로 바뀐다. '어떤 모양이나 태도, 일 따위가 마음에 들지 않는다'

1 다음 중 부서진 신의 교단의 글에 관한 설명으로 옳지 않은 것은? (   )

❶ 메카네라는 기계 여신을 믿는 종교다.

❷ 이들은 기계를 좋아하며, 살과 피를 싫어한다.

❸ 재단이 가지고 있는 메카네의 심장을 원한다.

❹ 이들의 목적은 메카네의 심장으로 메카네와 얄다바오트를 부활시키는 것이다.

❺ 부서진 신의 교단은 사르킥 교단과 사이가 안 좋다.

2 다음 중 부서진 신의 교단 사람을 찾아 보세요. (   )

3 다음 중 '은혜를 원수로 갚는다'를 가장 적절하게 사용하는 아이는? (   )

❶ 동재: 은혜를 원수로 갚는다고 했어. 이렇게 계속 노력하면 언젠가는 결실을 볼 거야.

❷ 재균: 주인공은 부모님의 원수인 악당을 쓰러뜨리는 데 성공해. 은혜를 원수로 갚은 거지.

❸ 송선: 은혜를 원수로 갚는다고 하잖아. 이제 그만 싸우고 서로 화해해.

❹ 은경: 난 네 숙제를 도와줬는데, 넌 나한테 거짓말을 해? 은혜를 원수로 갚는다는 말은 널 두고 하는 말이야!

❺ 은혜: 은혜를 원수로 갚는다고? 날 왜 원수로 갚아?

4 이 글은 사르킥 교단이 재단에 보낸 글입니다. 무슨 말을 하고 싶어서 적어 보낸 걸까요? (　)

❶ 재단에 자기를 소개하기 위해.

❷ 재단이 메카네의 심장을 찾았다는 걸 축하하기 위해.

❸ 메카네의 심장을 받기 위해.

❹ 부서진 신의 교단을 욕하기 위해.

❺ 재단이 가지고 있는 오해를 풀어 주기 위해.

5 다음은 각 단체의 특징을 적은 문장들입니다. 문장을 읽어 보고 알맞은 단체와 짝지어 주세요.

❶ 여신 메카네를 숭배한다. 기계를 좋아하고 피와 살을 경멸한다. 메카네의 심장을 원한다. ● 　 ● ⓐ SCP 재단

❷ 얄다바오트를 섬긴다는 오해를 받고 있다. 메카네의 심장이 필요하진 않지만, 원수를 방해하고자 메카네의 심장을 찾는다. ● 　 ● ⓑ 사르킥 교단

❸ 메카네의 심장을 가지고 있다. 두 교단에서 연락 받았다. ● 　 ● ⓒ 부서진 신의 교단

6 다음 빈칸에 들어갈 알맞은 단어를 골라 주세요. (　)

유석: 그러니까, 내가 하고 싶은 말은… 그러니까… 있잖아…

환규: 어휴! 뭘 그렇게 빙빙 돌려 말하니? 요점만 간단하게 말하라고! (　 　)! 모르냐?

❶ 단도직입　　❷ 구사일생　　❸ 사방팔방　　❹ 일석이조　　❺ 타산지석

7 이 편지를 읽고 아이들이 다음과 같은 대화를 나눴다고 가정해 봅시다. 여러분은 누구의 말이 옳다고 생각하나요? 그 이유는 무엇인가요?

나영: 메카네는 착한 신이니까, 그 신을 부활시키기 위해 부서진 신의 교단에 줘야 해!

채린: 아니야. 그러면 얄다바오트도 세상에 나오잖아. 사르킥 교단한테 줘야 해!

경수: 난 둘 다 못 믿겠어. 난 그냥 재단에서 가지고 있으면 좋겠는데?

정답 : ＿＿＿＿＿＿＿＿＿＿＿＿＿＿＿＿＿＿＿＿＿＿＿＿＿＿＿＿＿＿

일기 | # 크툴루께서 기다리시긴 개뿔!

SCP - 2662
등급 : 유클리드 케테르
타입 : 생물

SCP-2662는 키 4m, 체중 200kg의 유사 인간형 개체다. 등 윗부분에 오징어 다리와 아주 유사한 근육 조직이 20개 자라나 있으며, 2662는 이걸 자유롭게 움직일 수 있다. 이뿐만 아니라 2662는 두 가지 정신적 효과를 불러일으킬 수 있다. 첫 번째 효과는 2662와 장시간, 반복적으로 노출된 사람은 그를 **숭배하는** 모습을 보인다는 것. 두 번째 효과는 이런 2662의 **추종자**가 한 달 주기로 자연적으로 발생한다는 것이다.

이는 추종자의 이전 종교관과는 전혀 상관없이 발생하며, 2662의 의지와도 무관한 것으로 밝혀졌다. 현재 2662는 이런 추종자들을 피해 자발적으로 격리된 것이고, 재단에서는 그에게 매일 신문을 볼 수 있게 해 주고, 한 달에 한 번 새로운 컴퓨터 게임을 제공하고 있다. 아래는 2662가 격리 중 겪었던 일을 일기로 남긴 것이다.

2003년 ■■월 ■■일

밤 10시가 넘고 나서야 이곳에 도착했다. 이곳이라면 아무도 날 방해하지 않겠지? 여기 들어오고 가장 먼저 한 건 바로 게임이었다. 3일 전에 사 놓던 게임이 있었는데, 내 추종자들을 피해 다니느라 한 적이 없었기 때문이다. 그렇게 컴퓨터에 게임을 설치하고, 샤워만 하고 자려고 했는데... 샤워하던 중 내 추종자들이 여길 찾아왔다. 그리곤 스스로 손에 상처를 내 피를 뽑더니, 그 피로 방 여기저기에 이상한 문양을 그려 놨다. 거기에 방금 샤워한 내 몸에까지 피를 묻히고 아주 난리를 피워댔다. 아... 이러려고 여기 온 거 아닌데...

2005년 ■■월 ■■일

오늘도 평소처럼 신문 보고, 게임을 하면서 마실 커피를 만들었다. 그런데 내 방을 지켜 주던 남자 한 명이 새끼 돼지를 들고 나한테 다가왔다. 난 바로 알았다. 이 빌어먹을 효과가 또 한 놈 홀렸구나. 아니나 다를까, 그놈과 같이 온 여자 연구원이 이런 말을 했다. '오 지배자시여, 부디 부모가 죽어 고아가 된, 이 순결한 새끼 돼지를 받아 주소서! 이 영혼이 당신을 채워 주기를!' 솔직히 이런 말은 언제 들어도 익숙해지지 않는다. 뭐? 이 영혼이 날 채워 줘? 이런 건 판타지 게임에 나오는 마왕의 부하들이 하는 말 아닌가? 이런 생각이 드는 찰나, 그들은 그 새끼 돼지를 죽여 그 목을 내 탁자에 올려놨다. 덕분에 내가 보고 있던 신문과 내 옷, 내 촉수는 돼지 피가 묻었고, 오늘 하루도 쉽지 않겠다는 생각이 들었다. 그래서 한 번 짜증을 냈다. 당장 나가서 성경이나 읽으라고. 그러자 그놈이 내 눈앞에서 여자 연구원을 죽여 버렸다. 결국 또다시 샤워를 해야 했다. 내가 뭔 짓을 했다고 이러는 건지. 애꿎은 돼지와 연구원만 죽은 것 같아 마음이 울적했다.

▶ **숭배하다** 우러러 공경하다, 신이나 부처 같은 종교적 대상을 우러러 받든다는 뜻이다.

▶ **추종자** 어떤 사람의 권력이나 주장, 학설 따위를 따르는 사람을 의미한다.

1 다음 중 SCP-2662에 관한 설명으로 바르지 않은 것은? (　　　)

❶ 2662는 키 4m, 체중 200kg의 유사 인간형 개체다.

❷ 등 윗부분에는 오징어 다리와 아주 유사한 근육 조직이 20개 자라나 있지만, 움직일 수는 없다.

❸ 2662에게는 두 가지 정신적 효과가 있지만, 2662는 그 효과를 원하지 않는다.

❹ 2662는 자발적으로 재단에 격리되었다.

❺ 2662는 매일 신문을, 매달 새로운 컴퓨터 게임을 제공받는다.

2 다음은 2662의 일기 내용을 그림으로 그린 것이다. 중간에 들어갈 그림은 무엇일까요? (　　　)

❶ 커피를 쏟았다.

❷ 천장이 무너져 내렸다.

❸ 2662의 추종자들이 그에게 돼지를 바쳤다.

❹ 2662를 노리는 암살자들이 2662를 죽이려 했다.

❺ D 계급 인원들이 음식으로 제공되었다.

3 다음은 2662의 또 다른 일기 중 일부다. 빈칸에 들어갈 적절한 단어를 적어 주세요.

> 이곳도 날 완전하게 격리해 주진 못하는 것 같다. 어제 새벽에 내 추종자들이 와선 내 방을
>
> 또 엉망으로 만들었다. 덕분에 난 또 내 방 청소를 해야 했다. 젠장, 다른 곳으로 가야 하나?
>
> 하지만 간다면 어디로? 여기나 다른 곳이나 날 (　　　　　　　　)놈들이 쫓아오는 건 똑같을 텐데?
>
> 이렇게까지 날 지켜 줄 수 있는 건 여기뿐이지 않나? 일단 내일 다시 생각해 봐야겠다.
>
> 내일은 새 게임 받는 날이니까.

정답 : ＿＿＿＿＿＿＿＿＿＿＿＿＿

혼돈의 반란 특수공작원 알파-19

편지

SCP - 2490
등급 : 케테르
타입 : 물체

SCP-2490은 '혼돈의 반란 특수공작원 알파 19'라고 알려진 개조 인간이다. 평균 인간 크기의 관절 인형에서 머리 부분에 눈만 그려져 있는 외형을 가지고 있으며, 인간, 특히 재단 인원을 골라 지목한 후 천천히 그의 주위로 다가가 그를 암살하는 모습을 보인다. 2490은 순간 이동 능력이 있어 격리가 불가능하며 자기 모습을 평범한 사람으로 위장할 수 있다. 2490의 암살은 최대 몇 달까지 천천히 이어진다. 그동안 표적이 된 사람은 수면 부족, 피해망상, 마네킹 공포증 등을 호소한다. 그렇게 표적이 **쇠약해지면**, 2490이 나타나 표적의 뇌를 뚫는 것으로 암살은 끝난다. 2490의 손은 날카로운 손톱이 있어 인간의 두개골을 한 번에 뚫을 수 있는 것으로 보인다. 다음 암살까지의 주기는 없는 것으로 보인다.

그래서 재단에서는 2490의 외형을 교육받고, 그것을 실제로 보게 되면 즉시 모든 일을 취소하고 무기한 휴가를 받는다. 또한 이것을 만든 것으로 추정되는 '혼돈의 반란'을 추적한다.

다음은 조사 중 확보한 '혼돈의 반란' 단체의 편지다. 편지는 2490의 처분에 관해 소통한 것으로 보인다. 보내는 이와 받는 이는 삭제되어 있다.

■■■■■■에게

안녕하십니까? 사령관님.
정기 보고 때 말씀드리기엔 급한 일이라서 이렇게 따로 편지를 써서 보냅니다. '그 마네킹'은 언제, 어디서, 왜 왔는지 알 수 없습니다. 다만 그것이 우리에게 얼마나 큰 피해를 줬는지 알 뿐이죠. 그래서 사령관께 이 마네킹을 이용한 새로운 작전을 제안할까 합니다.
바로 이걸로 재단을 무너뜨리는 거죠. 현재 마네킹이 노리고 있는 우리 쪽 인원은 24 기지에 있습니다. 그런데 그가 재단 쪽 스파이와 접촉한 상태라더군요. 그래서 정해진 일시에 24 기지를 공격해 그를 일부러 탈출시킬 생각입니다. 그럼 재단 쪽에서 그를 받아 줄 테니까 2490도 표적을 따라 재단 쪽으로 건너가겠죠. 그러다 표적이 마네킹에게 죽게 되면, 그것의 특성상 가까운 표적을 노릴 것으로 판단됩니다. 결국 재단의 연구원들이 마네킹에게 죽을 거고, 우리의 숙원을 이뤄 주는 겁니다. 지금 그 마네킹은 너무 위험합니다.
제아무리 재단이라고 하더라도, 이것에는 **속수무책**일 겁니다. 최대한 빨리 작전을 실행하고 싶습니다. 답변을 기다리겠습니다.

■■■■가.

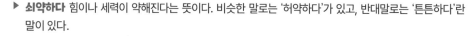

▶ **쇠약하다** 힘이나 세력이 약해진다는 뜻이다. 비슷한 말로는 '허약하다'가 있고, 반대말로는 '튼튼하다'란 말이 있다.

▶ **속수무책** 어찌할 도리가 없어 꼼짝없이 당할 수밖에 없는 상태를 의미하는 사자성어다.

1 다음 중 SCP-2490에 관한 설명으로 바른 것은? (   )

❶ 2490은 혼돈의 반란 특수공작원 알파 19라고 알려진 개조 인간이다.

❷ 2490은 평균 인간 크기의 관절 인형에서 머리엔 입만 그려져 있다.

❸ 2490은 빠른 움직임을 보여 추적이 힘들지만, 격리 자체가 불가능하진 않다.

❹ 2490에게 지목당한 표적은 최대 3주 동안 2490의 추적을 견뎌야 한다.

❺ 2490은 이름처럼 혼돈의 반란이란 단체에서 만들어졌다.

2 다음 그림 중, 2490의 모습을 올바르게 그린 것은 무엇일까요? (   )

❶   ❷   ❸

3 다음 중 '쇠약하다'란 말을 올바르게 쓴 아이는 누구일까요? (   )

❶ 유화: 사람이 쇠약하기도 해야지. 매사 정직한 것도 별로 안 좋다?

❷ 종선: 아프다고? 약 먹고 푹 쉬다 보면 금방 쇠약해질 거야.

❸ 가희: 밤늦게까지 게임을 하다 보니까, 몸이 쇠약해지는 기분이야.

❹ 영미: 팔 굽혀 펴기 한 번만 더! 이렇게 하루하루 운동하다 보면 금방 쇠약해진 모습으로 바뀔 거야!

❺ 지호: 어때? 이 가방 쇠약하지? 우리 아빠가 외국 가서 비싼 돈 주고 사 온 명품 가방이야.

무지개다리

SCP - 3737
등급 : 안전
타입 : 장소

그린란드에 위치한 다리(SCP-3737-1)를 통해서만 갈 수 있는 공간이다. 이곳은 불규칙한 주기에 따라 나타나며, 이곳에 들어가면 3737-2를 만날 수 있다. 3737-2는 이곳에 서식하는 생물들이며, 흔히 가정에서 키우는 반려동물의 모습을 가지고 있다. 모두 어린 상태에 있으며 건강 상태는 좋은 것으로 보인다. 현재 3737 탐사는 2016년 10월 6일을 마지막으로 이루어지지 않고 있으며, 이에 대한 담당 연구진들도 3737이 활성화되는 주기에 대해 연구하고 있다. 아래는 담당 연구원 로라가 고위층 관리자에게 보내는 보고서다.

3737 담당 연구원 로라입니다.

보내 주신 지시 사항은 잘 읽었습니다. 더 이상의 연구는 의미가 없을 것으로 판단되므로 연구를 철회한다는 그 지시사항 말입니다. 하지만 저희 일동은 3737 연구를 포기할 수 없습니다. 그래서 이렇게 글을 올립니다.

현재 3737의 연구는 2016년 10월 6일을 마지막으로 멈춰진 상태입니다. 그때 당시 현장에 있던 로스토바 연구원의 말에 의하면, 3737-2로 지정된 개체들은 누군가의 반려동물이었다고 합니다. 그 증거로 자신을 꼽았죠. 그녀는 과거 '재스퍼'라는 삼고양이를 기른 적이 있었죠. 그리고 그 고양이는 수명을 다해 죽었고, 그녀도 그 고양이를 가슴에 묻었다고 합니다.

그런데 3737이 마지막으로 열리던 날, 그녀는 거기서 '재스퍼'를 발견했다고 합니다. 외형, 소리, 심지어 그 고양이에게 착용했던 목걸이 이름표까지 동일했다고 합니다. (조사 당시 찍었던 사진과 과거 재스퍼가 살아 있을 당시 찍은 사진을 비교군으로 보냅니다.)

이분만이 아닙니다. 과거 개를 키웠던 맥콜 연구원도 현장에 있었는데, 그도 과거 자기가 길렀던 골드 리트리버 '집시'를 발견했죠. 이것이 과연 우연일까요?

아닙니다. 3737은 반려동물의 천국입니다. 우린 이곳을 조사할 의무가 있습니다. 우리와 함께 살았고, 우리보다 먼저 떠난 우리의 가족을 만나기 위해!

그리고... 혹시라도 '맥스'가 있다면, 전 그가 생전에 가장 좋아하던 장난감을 전해 줄 의무가 있습니다.

3737의 연구를 계속 지원해 주십시오. 3737을 포기하기엔 아직 알아내지 못한 것이 너무 많습니다. 부디 바른 판단을 하시길 바랍니다.

▶ **철회하다** 이미 제출하거나 주장한 것을 돌이킨다는 뜻이다.

▶ **가슴에 묻다** 마음속에 기억이나 감정을 간직한다는 뜻이다.

1 다음 중 SCP-3737에 관한 설명으로 바르지 않은 것은? (   )

❶ 3737은 그린란드에 위치한 3737-1을 통해서만 갈 수 있는 공간이다.

❷ 3737은 항상 갈 수 있으며, 들어가면 3737-2를 만날 수 있다.

❸ 3737-2는 가정에서 키우는 반려동물의 모습을 가지고 있다.

❹ 현재 3737 탐사는 2016년 10월 6일을 마지막으로 이루어지지 않고 있다.

❺ 고위층 관리자는 해당 개체의 연구를 철회하려 한다.

2 다음 중 각 인물이 키웠던 반려동물을 알맞게 짝지어 주세요.

❶ 로스토바 연구원   ❷ 맥콜 연구원   ❸ 로라 연구원

ⓐ 재스퍼   ⓑ 맥스   ⓒ 집시

3 여러분이 고위층 관리자라면, 로라의 글을 읽고 어떤 결정을 내릴 건가요? 왜 그런 결정을 했나요? 여러분의 생각을 적어 주세요.

원더테인먼트 박사의 거품 목욕 봉봉

SCP - 1079
등급 : 안전
타입 : 물체

SCP-1079는 '원더테인먼트 박사의 거품 목욕 봉봉!®'상표가 붙은 원형의 과자다. 이름에서 본 것과 같이 원더테인먼트에서 만들어졌으며, 현재 재단에서는 64개의 1079를 보관하고 있다. 현재는 **유통되고** 있지 않으며, 남아 있는 개체를 조사해 성분을 연구하고 있다. 아래는 1079가 발견되었을 때 같이 발견되었던 광고문이다.

한 알만 먹으면, 나도 거품 인간!

샤워할 때나 설거지할 때,
세제나 비누를 통해서만 만들 수 있는 거품.
그런 거품을 어디서나 만들 수 있다면 얼마나 재밌을까요?
그래서 만들었습니다! '원더테인먼트 박사의 거품 목욕 봉봉'!
비누? 세제? NO!
아무것도 없어도 거품을 만들 수 있습니다!
간단한 사용 방법으로 분홍색 거품을 만들어 보세요.

WARNING

Bubble Bath BonBons!

-사용 방법

1. 상자에서 봉봉을 하나 꺼냅니다.
2. 먹습니다.
3. 10분에서 15분 정도 기다립니다.
4. 온몸에서 퍼져 나온 분홍색 거품을 즐겨 주세요! 어때요? 참 쉽죠?
이렇게 간단한 방법으로 분홍색 거품을 만들 수 있습니다.

단, 주의사항이 있습니다.
첫째, 이 제품은 3세 미만인 아동에게는 적합하지 않습니다.
그러니 3세 미만의 아이들이 이걸 먹으려고 하면 제지해 주세요. 안 그러면 죽습니다.
둘째, 한 번에 한 개씩만 먹어야 합니다.
이 거품을 만드는 데 필요한 건 여러분의 혈액입니다. 물론 정량에 맞춰 섭취하면 괜찮겠지만,
그 이상 섭취하면 그만큼 많은 혈액이 빠지겠죠? 이것만 지켜 주시면 됩니다!

* 이 제품은 오남용할 시 사망에 이를 수 있습니다.
주의사항 미숙지로 일어난 사고는 책임지지 않으므로, **올바른 사용법으로 이용해 주세요.**

▶ **유통하다** 상품을 여러 단계에 거쳐 생산자에서 소비자로 옮겨간다는 뜻을 가지고 있다. '유통기한'의 '유통'과 같은 의미다.

▶ **오남용** 어떤 약물을 너무 많이 사용하거나 정해진 용도에 맞지 않게 사용하는 것을 말한다.

1 다음 중 SCP-1079에 관한 설명으로 바르지 않은 것은? (　　)

❶ 1079는 원더테인먼트에서 만들어진 제품이다.

❷ 1079를 섭취하면 몸에서 분홍색 거품이 나온다.

❸ 1079의 효과를 보려면 최소 10분에서 20분의 시간이 필요하다.

❹ 현재 1079는 유통되지 않고 있다.

❺ 재단에서는 1079를 64개 가지고 있다.

2 다음은 1079 섭취 실험 과정을 그린 겁니다. 올바른 순서를 파악해 적어 주세요.

정답 : _____

3 설명글의 '유통하다'에서 통은 '통할 통(通)'을 씁니다. 다른 의미의 '통'이 사용된 문장은? (　　)

❶ 게임 난이도는 '쉬움', '보통', '어려움'이 있다.

❷ 종일 머리 쓰는 공부를 했더니, 두통이 심해졌어.

❸ 길을 걸을 때는 우측통행을 해야 합니다.

❹ 이번 시험도 무사히 통과하고 말겠어!

❺ 우린 언어는 달랐지만, 그림을 통해서 의사소통했다.

금속 개미

SCP - 059 - KO
등급 : 안전
타입 : 생물

SCP-059-KO는 금속으로 만들어진 약 6mm 크기의 로봇이다. 외형은 일반적으로 곰개미의 형태를 띠고 있지만, 큰 턱은 다른 신체 부위에 비해 최대 5배의 굳기를 가지고 있다. 059-KO에게 금속이 주어질 경우 해당 금속을 이용해 자기 복제를 하는데, 시간이 흐를수록 **군체**는 더 커지고, 군체가 커질수록 지능이 상승하는 것이 확인되었다. 059-KO는 부서진 신의 교단의 기지에서 발견되었으며, 아래는 059-KO에게 했던 실험 일기다.

실험 목적: 지속해서 철을 공급받는 059-KO 군체의 지능, 사회성 변화를 알아보기 위함.
사전 준비: 세라믹 타일로 코팅된 5㎡ 넓이의 실험장, 철 ■■t.
실험 시작 - 이후 유의미한 결과가 나올 시 양상을 기재할 것.

실험 시작 1시간 - 개체 수 4마리
자기 복제만을 하던 개체들이 서로 다른 행동을 보임. 역할을 나눈 것으로 판단됨.

실험 시작 6일 - 개체 수 500마리
한곳에 모여 있던 군집에서 벗어나 다른 곳으로 정찰을 나가기 시작함.

실험 시작 10일 - 개체 수 1,000마리
사다리, 삽 같은 도구들을 만들기 시작함. 완성도는 미흡함.

실험 시작 14일 - 개체 수 5,000마리
새로 만들어진 개체 중 위턱이 다른 개체들이 생성됨. 가령 한 개체는 위턱이 다른 개체들보다 훨씬 강하고 날카로운 것이 확인됨. 그 개체를 추적 관찰한 결과, 철을 자르는 구역에서 벗어나지 않는 것으로 확인됨.

실험 시작 18일 - 개체 수 18,000마리
여러 개체가 서로 결합하는 것을 확인. 결합한 끝에는 한 구조물이 되었고, 그 구조물 중 일부는 개체 생산 작업을 도와주는 '공장'의 역할을 하는 것으로 확인됨. 또한 공중을 날거나, 최대 5cm의 대형 개체들이 나오기 시작함.

실험 시작 25일 - 개체 수 25,000마리
개체 중 일부가 실험 사실을 알아차린 것으로 보임. 이후 많은 수의 개체가 관찰 카메라의 사각지대로 이동, 탈출이 확인되었다. 급히 실험을 종료하고, 실험장 내부에 질산을 투입해 개체들을 무력화시켰다. 하지만 실험장 바닥에 지름 1cm의 구멍이 발견되어 기지 전체에 059-KO 수색이 진행됨.

▶ **군체** 같은 종류의 동물 개체가 많이 모여서 사회를 조직하고 생활하는 것을 뜻한다. 주로 개미, 벌 같은 모여 사는 동물들에게 사용하는 단어다.

▶ **유의미** '의미나 뜻이 있다'는 뜻이다. 반대말은 '무의미'가 있다.

1 다음 중 SCP-059-KO에 관한 설명으로 바르지 않은 것은? (   )

❶ 059-KO는 금속으로 만들어진 6cm 크기의 로봇이다.

❷ 059-KO에게 금속이 주어질 경우 금속을 이용해 자기 복제한다.

❸ 개체 수가 많아질수록 지능도 상승한다.

❹ 059-KO는 부서진 신의 교단 기지에서 발견되었다.

❺ 059-KO를 이용한 실험은 현재 종료되었다.

2 다음 그림은 SCP-059-KO를 실험할 당시 모습입니다. 그림 속 날짜와 개체 수를 적어 주세요.

날짜 : _____   개체 수 : _____

3 다음 글은 부서진 신의 교단 쪽에서 재단으로 보낸 편지다. 빈칸에 들어갈 단어로 알맞은 것을 고르세요. (   )

> 너희는 우리의 기지를 공격했다. 그리고 우리의 '신의 사자'를 훔쳤다. 우리는 그것을 숭배한다. 작은 부스러기에 불과한 그것이 우리에게 가르침을 준다. 한 마리가 두 마리가 되고, 4마리, 170마리, 500마리, 최종적으로 (   )가 되어 사회를 조직하는 것을 보며 우리는 협동과 단합을 배운다. 그것을 우리에게 넘겨라. 그렇지 않으면 무력을 이용해서라도 '신의 사자'를 가져가겠다.

❶ 군주   ❷ 사람   ❸ 군체   ❹ 우주   ❺ 괴물

SCP-573-KO는 ■■■도 ■■시 ■■군에 위치한 ■■■호수에 서식하는 어류의 집단을 일컫는다. 현재 총 43개체가 있으며, 여러 종의 민물고기와 바닷물고기로 구성된다. 이들은 인간 수준의 지능을 가진 것으로 보이며, 사람의 성대와 동일한 발성 기관이 존재한다. 이들이 존재하는 호수에는 5년마다 작은 용오름 현상이 발생하고, 이때마다 573-KO 개체 한 마리가 사라진다. 이에 대해 알기 위해 573-KO와 면담을 진행하고 있다. 아래는 그 면담 기록 중 일부를 편집한 것이다. (면담한 개체는 붕어다.)

박사 저기, 혹시 잠깐 대화를 할 수 있을까요?

573-KO 조금 바쁘긴 한데, 잠깐 대화할 순 있지.

박사 감사합니다. 그럼 몇 가지 질문을 좀 드리겠습니다. 당신을 포함해서, 다른 분들이 여기 사는 이유가 뭔지 말해 주실 수 있습니까?

573-KO 그것도 모르고 온 건가? 우리는 여기에 용이 되려고 온 거지. 이 호수가 물고기가 용이 될 수 있는 거의 유일한 방법이라네. 말 그대로 **등용문**이지. 모두가 이곳에 오고 싶어 하네. 누구든 한낱 물고기로 죽는 것보단, 용이 되어서 영생하고자 하니까.

박사 그럼, 이곳에 들어오는 조건이 따로 있는 건가요?

573-KO 매우 힘들고, 일반적인 물고기는 시도도 못 할 방법이지. 하지만 성공하면 목소리가 생기고, 더 똑똑해져. 그렇게 변한 물고기들만 이곳에 들어올 수 있어.

박사 그 방법이 뭔지 자세히 설명해 주실 수 있습니까?

573-KO 미안하지만 나는 경쟁자가 더 생기는 걸 원하지 않아. 알려 줄 수는 없을 것 같군. 이해해 주게. **내 코가 석 자**라고.

박사 마지막으로, 용이 되기 위해서는 무슨 조건이 필요하죠?

573-KO 자세히 말해 주기는 좀 그렇고, 대충 설명하자면 수련을 통해 세상에 대한 지식을 깨우침과 동시에 뛰어난 육체도 가질 수 있어야 하지. 5년에 한 번, 이곳에서 한 마리의 물고기만이 선택되어 호수 가운데 있는 여의주를 물고 승천할 수 있다고 하네.

박사 알겠습니다. 질문에 응해 주셔서 감사합니다.

▶ **등용문** 글자 자체로 보면 '용으로 올라가는 문'이라는 뜻의 고사성어로, 속뜻은 성공하기 위한 기회라는 뜻이다.

▶ **내 코가 석 자** 여기서 나오는 '코'는 콧물을 의미하고, '자'는 옛날에 사용하던 길이 단위다. 석 자는 약 90cm인데, 그만큼의 콧물이 쏟아져 나와 닦아 낼 수 없을 만큼 바쁘거나 힘든 상황을 뜻한다.

1 다음 중 SCP-573-KO에 관한 설명이 틀린 것은? (   )

➊ 573-KO는 어느 호수에 서식하는 어류의 집단을 말하며, 현재 43개체가 있다.

➋ 573-KO는 여러 종의 민물고기와 바닷물고기로 구성되어 있으며, 인간 수준의 지능을 가지고 있다.

➌ 매년 이 호수에는 작은 용오름 현상이 발생하고, 그때마다 573-KO 개체가 한 마리 사라진다.

➍ 아래 면담 기록에서 박사가 면담한 개체는 붕어.

➎ 이들은 용이 되기 위해 이 호수에 들어왔다.

2 다음 그림들을 알맞은 순서대로 나열해 주세요.

정답 : _____

3 다음 중 '내 코가 석 자'라는 말을 바르게 사용하는 아이는 누구일까요? (   )

➊ 백규: 민규는 자존심이 너무 세. 정말 내 코가 석 자라니까?

➋ 인혜: 내 코가 석 자라는 말이 있잖아. 좋은 일이 있으면 나쁜 일도 있는 거지.

➌ 희은: 이렇게 예쁜 사람은 처음 봐! 진짜 내 코가 석 자다!

➍ 재은: 지금 난 내 코가 석 자야. 너무 바빠서 가만히 있을 수가 없다고.

➎ 민우: 승민이는 아무것도 안 했는데 옆에 있었다는 걸로 선생님께 혼났어.
　　　 이런 걸 두고 내 코가 석 자 라고 하는 거지.

병 속의 세상

SCP - 300
등급 : 안전
타입 : 물체

SCP-300은 유리로 된 골동품 향수병과 그 안에 있는 약 2.4cc의 무색 액체로 이루어져 있다. 각각 명칭은 300-1과 300-2로 지정했다. 300-2를 추출해 현미경으로 관찰할 시. 어떤 풍경을 볼 수 있으며 밖으로 추출된 300-2는 2~8시간 이내에 **증발해** 사라진다. 아래는 담당 연구원 ■■■■■ 박사의 실험 기록이다.

1963년 11월 15일
300-2 한 방울을 현미경용 슬라이드로 옮겨 촬영을 시작했다. 가장 먼저 보인 건 흙길이었다. 처음 보는 종의 나무가 길가에 나란히 서 있고, 나뭇잎의 색을 보니 계절이 가을인 것을 알 수 있었다. 위치는 도심의 차도 한복판으로 보이며, 반대편 차선으로 마차가 지나가는 것이 확인됐다. 마차의 형태와 마부가 입은 옷, 인도를 지나는 사람의 옷을 보아 영국 빅토리아 시대가 연상이 된다. 더 이상의 의미 있는 사건은 기록되지 않았다.

1963년 12월 10일
이전 실험과 동일한 방법으로 촬영을 시작했다. 시골의 한 농장이 보였다. 농장 앞에는 밀이 자라고 있었고, 풍경의 시기는 늦여름인 것으로 보였다. 잡일을 하는 어른 2명이 보이고, 3명의 아이도 농장 주위에 나타났다. 그들의 옷을 보니 이전 실험에서 말했던 시대와 일치하는 것으로 보인다.

1964년 1월 21일
방법은 동일하지만 300-2 두 방울을 이용해 촬영을 시작했다. 처음으로 제대로 된 풍경을 볼 수 없었다. 마치 비디오가 망가진 것처럼 흐릿한 화면만이 현미경 렌즈에 촬영되었다. 앞으로의 실험에서 300-2는 한 방울로 제한한다.

1966년 10월 4일. ■■■■■ 박사가 실험실에서 사망한 채 발견됐다. 사인은 평소 박사가 가지고 있던 총탄이 관자놀이를 관통한 것이었다. 자살이었다. 다음은 사망 직전 박사가 쓴 마지막 일기다. ━ ━ ━ ━ →

1966년 10월 4일.
전과 동일한 방법으로 촬영을 시작했다. 창문 앞 안락의자에 앉아 있는 여자가 보였고, 난 보자마자 그대로 얼어붙었다. 저 사람은 이미 사망한 내 아내다. 목에 난 점을 보고 내 아내라는 것을 확신했다. 또한 아내가 있던 거실은 나와 같이 살던 집이라는 걸 깨달았다. 혹시 300-2는 사용자의 기억을 읽어 주는 기능이 있는 걸까? 하지만 단언컨대, 지금 보이는 장면은 내 기억에 없다. 또 다른 가능성을 생각하던 찰나, 화면 속의 아내와 눈이 마주쳤다. 그리고 그녀의 입이 움직였다. '오랜만'이라고. 아무래도 확인해 봐야겠다.

▶ **증발하다** 액체가 기체로 변하는 것을 뜻한다. 비슷한 말로 '기화하다'가 있습니다.
▶ **관자놀이** 눈과 귀 사이에 움푹 팬 부분을 말한다.

1   다음 중 SCP-300에 관한 설명이 아닌 것은? (   )

   ❶ 300은 유리로 된 골동품 향수병과 그 안에 있는 약 2.4cc의 흰색 액체로 이루어져 있다.

   ❷ 액체를 추출해 현미경으로 관찰하면 어떤 풍경을 볼 수 있다.

   ❸ 풍경은 주로 영국 빅토리아 시대 모습을 보인다.

   ❹ 300을 관찰하던 박사는 사망했다. 사인은 자살이다.

   ❺ 박사는 300을 통해 죽은 아내를 봤다.

2   다음 그림은 1963년 11월 15일 촬영한 화면입니다. 어색한 부분을 찾아 동그라미를 그려 주세요.

3   다음은 새 연구원이 300을 실험할 때의 모습이다. 이때 실험은 실패로 돌아갔는데, 그 이유는 무엇일까요?

정답 : _____

▶ 정답과 도움말 165, 166쪽 참조 **123**

SCP - 1230
등급 : 안전
타입 : 물체

SCP-1230은 제목이 없는 녹색 양장본 책이다. 책을 펼치면 '영웅 탄생'이라는 구절이 쓰여 있으며, 그 구절을 읽은 사람이 잠에 들면 어느 판타지 세계의 주인공이 되는 꿈을 꾼다. 꿈의 결과는 독자의 상상력에 따라 달라지며, 꿈의 길이는 짧게는 45초에서 길게는 200년까지로 확인되었다. 1230의 꿈속에는 항상 나타나는 존재가 있는데, 녹색 망토에 수염 난 남성의 모습을 한 그는 책의 수호자라고 불리는 존재로 1230-1로 지정했다. 그는 꿈을 꾸는 자에게 도움을 주는 것으로 확인됐는데, 최근 1230 실험이 진행되던 중 한 실험자가 사망하는 일이 발생했다. 이에 담당 연구원 프랭크가 1230을 이용해 그와 대화를 시도했다. 아래는 그 대화 내용을 적은 것이다.

박사 책의 수호자인가요? 맙소사, 지금 우리가 어디 있는 겁니까?

책의 수호자 (울면서) 난, 난 더 이상 세계를 만들 수 없을 것 같네.

박사 책의 수호자여. 그날 무슨 일이 일어난 겁니까? 우리 브레드 박사는 판타지 게임을 엄청나게 좋아하던 사람이었어요. 그래서 우리도 그가 이 실험에 지원한 걸 말리지 않았는데, 왜 그가 죽은 겁니까? 꿈에서 깬 그는 왜 스스로 목을 매달고 죽은 겁니까?

책의 수호자 (눈물을 닦으며) 그 남자는 정말 적극적인 상상력을 가지고 있었다네! 나는 그 남자를 위해 광대하고 아름다운 우주를 만들어 주었지. 또 그 남자 본인도 그런 삶을 정말 오랫동안 바라고 있었던 게 분명하다네. 그는 역겨운 괴수를 퇴치하고 공주를 구출했지. 왕국을 건국하고 가족까지 생겼어. 그런데 떠나려고 하지 않는 거야. 그는 자신의 환상 속으로 너무 깊게 파고들어 갔고, 그의 꿈에 대한 열망이 현실 세계를 압도해 버렸다는 걸 알게 되었어. 나는 그에게 이 모든 것이 환상에 불과하다는 것을 일깨워 주려 했지만, 그는 내 말을 **귓등으로 듣고** 더 이상 들으려 하지 않았어. 심지어 그는 강제로 꿈에서 떠나게 만들면 삶을 끝내 버리겠다고 단언했다네. 그래서 나는 내가 할 수 있는 한 오랫동안 그가 행복할 수 있게 도와줬지.

박사 책의 수호자. 꿈속에서 시간이 얼마나 흘렀던 겁니까?

책의 수호자 200년일세, 박사. 나도 최선을 다했지만, 200년밖에는 꿈을 유지할 수 없었네. 아무리 달콤한 꿈이더라도, 우리는 모두 그 꿈에서 깨어야 하기 마련이지. **과유불급**이라는 말이 있지 않나?

면담을 마치고 본 1230의 모든 페이지에는 '정말 미안하네. 이런 일이 일어나게 하려던 건 아니었네. 난 그저 사람들을 행복하게 만들어 주고 싶었을 뿐인데.'라고 적혀 있었다.

▶ **귓등으로 듣다** 듣고도 들은 체 만 체한다는 뜻이다. 비슷한 말로는 '귓전으로 듣다'가 있다.

▶ **과유불급** 지나친 것은 부족한 것과 같다는 뜻으로, 지나치거나 모자라지 않고 한쪽으로 치우치지 않는 상태가 중요하다는 말이다.

1 다음 중 SCP-1230에 관한 설명으로 틀린 것은? (　　)

❶ 1230은 제목이 없는 녹색 양장본 책이다.

❷ 1230을 펼치고 '영웅 탄생'이라는 구절을 읽으면, 판타지 세계의 주인공이 되는 꿈을 꾼다.

❸ 1230의 꿈속에는 책의 수호자라는 존재가 항상 존재한다.

❹ 1230은 단지 꿈을 꾸는 것이기 때문에, 실험 중 누가 죽는 일은 없다.

❺ 1230-1은 한 사람의 꿈속 시간을 최대 200년까지 늘릴 수 있다.

2 아래 그림은 1230으로 꿈을 체험한 사람들에게 1230-1의 모습을 듣고 그린 것입니다. 이 중 1230-1이 아닌 것은 무엇일까요? (　　)

3 이후 프랭크 박사는 1230 사이로 작은 쪽지를 끼워 넣었고, 1230은 원래대로 돌아왔습니다. 빈칸에 들어갈 단어를 골라 주세요. (　　)

> 언제까지 그렇게 자책하고 있을 건가요? 브레드 박사의 죽음은 저희도 슬퍼요. 하지만 모험은 계속
> 되야 하지 않겠습니까? 여전히 당신의 이야기를 기다리는 사람들이 많습니다. 당신을 괴롭히는
> 기억들을 잊고, 다른 연구원들이 하는 말은 전부 (　　　　　　　　). 당신이 우릴 꿈속에서 지켜 주듯이,
> 우리도 당신을 지켜 주겠습니다. 부디 다음에 만날 때는 예전의 당신으로 돌아왔으면 좋겠군요.

❶ 귓등으로 들으세요.　　　❷ 손등으로 쳐내세요.　　　❸ 가슴에 새기세요.

❹ 머리에 입력하세요.　　　❺ 발등에 찍힌 듯 보여요.

▶ 정답과 도움말 166쪽 참조

도외시 모자

SCP - 268
등급 : 유클리드
타입 : 물체

기지 내 직원 여러분 안녕하십니까? SCP-268 담당 연구원 클라인 박사입니다.

부득이하게 전체 공지를 사용해 죄송합니다. 하지만 빠른 대처로 사건이 더 커지는 것을 막기 위함이니, 이 점 양해 부탁드립니다.

SCP-268은 보기엔 평범한 뉴스보이 모자입니다. 하지만 268을 착용하면 착용자의 존재감을 지워 버리는 효과를 가지고 있죠. 볼 수는 있으나 기억을 못하고, 카메라에도 찍히지만, 그 모습은 모자이크한 것처럼 뿌옇게 나오는 물체죠.

그런 268이 실험실에서 사라졌습니다. 실험 당시 현장에 있던 인원들은 저 포함 5명뿐이었는데, CCTV 확인 결과 5명 말고 다른 누군가가 있었다는 사실을 알게 되었습니다.

그래서 즉시 실험실을 잠가 봤지만, 268을 찾을 순 없었습니다. 그래서 현 시간부터 비상 대피 명령을 발표, 기지 내 모든 출입구를 폐쇄하겠습니다. 개체 실험에 참여하고 있는 인원을 제외한 모든 직원은 로비에 모여 주시기를 바라며, 실험을 마친 나머지 인원들도 추후에 모두 로비에 모여 주십시오. 그 즉시 수색을 시작하겠습니다.

이 수색은 최대 4시간이 소요될 예정이며, 수색 작업을 위해 격리 반 요원 2개 팀을 투입 하겠습니다. 여러분들의 도움이 있어야만 개체 확보에 **박차를 가할 수 있습니다.** 268의 관리에 소홀했던 점, 다시 한번 사과드립니다. 그럼 모두 로비에 모여 주시기를 바랍니다.

안녕하십니까? SCP-268 담당 연구원 클라인 박사입니다.

268을 다시 찾았습니다. 268은 오늘 오후 9시 반,
SCP-■■ 개체 실험에 투입될 예정이었던 D 계급이 탈취한 것으로 밝혀졌습니다.
268을 훔친 후 4층 화장실에 숨어 사람들이 빠져나가길 기다리던 D 계급이
수색에 투입된 격리 반 요원에 의해 발견됐다고 합니다. 그는 268을 탈취한 목적은
기지 탈출을 위해서였다고 진술한 뒤, 요원이 쏜 총에 맞아 현장에서 사망했습니다.
여러분의 도움이 아니었으면 268을 다시 찾을 수는 없었을 겁니다.
이에 깊은 감사의 말을 전합니다. 현 시간부로 비상 대피 명령을 해지하겠습니다.
감사합니다.

▶ **박차를 가하다** 어떤 일을 촉진하려고 힘을 더하는 것을 뜻하는 말이다.

▶ **탈취하다** '빼앗아 가지다'와 '냄새를 빼 없애다'라는 뜻이 있는데, 본문에서는 '훔치다'란 의미로 사용되었다.

1 다음 중 안내문을 읽고 알 수 있는 점이 아닌 것은? (   )

❶ 클라인 박사가 담당하는 SCP 개체.

❷ 268의 생김새와 효과.

❸ 비상 대피 명령을 내린 사람.

❹ 수색을 하는 데 필요한 최대 시간.

❺ 범인을 제압한 요원의 이름.

2 다음은 268을 착용한 D 계급입니다. 이 모습을 CCTV로 본다면 어떻게 보일까요? 알맞은 그림을 골라 주세요. (   )

3 다음 중, '박차를 가하다'란 말을 바르게 사용한 아이는 누구일까요? (   )

❶ 효원: 아무도 없었는데 물건이 사라지다니, 정말 박차를 가할 노릇이군.

❷ 성규: 내일은 중간고사 마지막 날, 공부에 박차를 가하자!

❸ 다현: 종수가 내가 쌓은 탑을 무너뜨려서, 내가 박차를 가했어. 쌤통이다.

❹ 태완: 화장실 청소하다가 돈을 줍다니, 이거 정말 박차를 가했는데?

❺ 주완: 스승님에게 박차를 가하다니! 제자로서 부끄럽지도 않으냐?!

SCP-023은 검은 털이 덥수룩하게 난 개다. 크기는 3~4m이며, 어깨너비는 1.5m이다. 포획 당시 주황빛의 눈과 날카로운 이빨이 존재했지만, 현재는 눈과 치아 모두 **적출**한 상태다.

023의 눈을 본 인간은 눈을 뗀 시점에서부터 정확히 1년 후 사망한다. 간혹 당사자의 지인이 대신 죽는 경우가 있으나, 어떤 방식으로 결정되는지는 밝혀지지 않았다. 023의 능력으로 죽은 인간을 부검한 결과, 외상은 없지만, 장기 곳곳에 강하게 압축된 재가 채워져 있으며 뇌, 근육, 뼈는 고온으로 달궈져 있었다.

이런 능력을 방지하고자 023의 눈을 적출했지만, 예상과 달리 또 다른 능력이 발생했다. 바로 투명화다. 해가 떠 있는 시간 동안에는 023이 투명해져서 안 보이게 됐다.

아래는 023을 연구하다 023의 눈을 본 연구원의 일기다. 사건 발생 후 해당 연구원은 즉시 무기한 휴가와 동시에 근신 처분을 받았으며, 사건 발생 1년 후, 연구원은 사망했다.

1995년 1월 4일.

분명 괜찮을 줄 알았다. 하지만 눈이 든 병을 막아 놨던 고무마개가 갑자기 떨어질 줄이야.
아직도 기억에 남는 주황빛. 그 빛은 비어 있는 눈 공간 가운데서 날 향해 타오르고 있었다.
그래. 그건 분명 불이었다. 그리고 난 그 불을 봐 버린 거다. 오늘부로 난 무기한 휴가를 받았다.
가족, 친구, 누구도 만나지 말라고 한다. 전화도 하지 말라고 한다.
내가 다른 사람들을 많이 만나고 다닐수록 내가 죽을 확률은 줄어들지만, 대신 다른 사람이
죽는다고. 조금 억울한 마음도 들지만 그게 옳다고 생각한다. 내 불찰로 내 친구, 여자 친구,
우리 가족이 죽는다는 건 내가 죽는 것보다 더 끔찍할 것 같으니까.
이 모든 게 꿈이었으면 좋겠다. 조금 지독한 꿈이길 바란다.

1995년 4월 5일.

오늘도 옆집 아이들이 던진 돌에 창문이 깨졌다. 옆집에 전화를 걸어 아이들을 타이르려고도 했었지
만, 옆집 아줌마는 되레 내 탓이라는 둥, 자기 혼자 아이들을 키우는 게 얼마나 힘든지 아냐는 둥,
자기 할 말만 하고 전화를 끊어 버린다. 자기가 힘들어 봤자 나보다 더 힘든가?
솔직히 창문이야 깨지면 치우면 되는 거고, 추우면 옷을 더 겹쳐 입으면 되니까 상관없긴 한데,
내가 죽는 건 어쩌지 못한다는 것과 그때까지 내가 할 게 없다는 것. 그게 좀 힘들다. 그래.
난 착한 어른이니까. 이 정도는 넘어가 준다. 하지만 다음번에도 그러면... 뭘 하지?

▶ **적출** 무언가를 끄집어 낸다는 뜻이다. 주로 수술할 때 쓰이는 말이다.
▶ **불찰** 잘 살피지 않아 생긴 잘못을 의미한다.

1995년 8월 26일.

오늘은 8월 26일. 내 생일이다.
올해 첫날에 생각해 뒀던 계획 중에, 생일에 휴가를 써서 해외여행을 가는 게 있었다.
그 계획이 반은 맞았다. 휴가를 쓰긴 했으니까.
사람을 만나본 게 언제지? 1월에 그 일이 벌어지고 나서 바로 왔으니까, 한 7개월 됐나?
너무 힘들어. 배고파. 왜 아무도 날 찾지 않지? 설마 다들 날 잊어버린 걸까? 그럴 리가 없는데?
가끔 오던 부모님의 안부 전화도 이젠 오지 않는다. 설마 재단에서 막아 놓은 건가?
그래. 그럴 수 있다. 오히려 잘된 것일 수도 있다. 멀쩡하게 통화하던 아들이 하루아침에 죽으면
얼마나 황당하고 억울하겠는가? 그래… 잘됐어. 엄청 철두철미하네.

1995년 10월 1일.

오늘은 할 일이 많았다. 일단 창문. 더 이상 교체할 창문도, 돈도 없었다.
1월까지 먹고 살 식량을 생각한다면 말이다. 그러다 창고에 있던 벽돌이 생각났다. 전에 벽난로를
만들고 남은 벽돌이 있었는데, 그걸 쌓아 창문을 막아 버렸다. 덕분에 집안은 전보다 더 어두워졌지만,
그래도 간밤에 창문 깨지는 소리에 일어나지 않아도 된다. 그리고 전화선. 전화선을 잘라 버렸다. 지금
보다 더 힘들어지면 나도 모르게 누군가에게 전화할 것 같아서 말이다.
난 누구와도 전화하면 안 된다. 누구와도.

1995년 12월 24일.

오늘은 크리스마스이브. 산타클로스가 오는 날이다.
하지만 우리 집은 굴뚝까지 막아 놨으니 산타 할아버지가 올 일은 없다. 창문을 막은 벽돌 사이로 빛이
새어 들어온다. 찬송가와 캐럴이 들려오지만 전혀 재밌지 않다. 오히려 덥다. 단순한 스트레스로
치부하기엔 땀이 너무 많이 나고 있다. 혹시 023의 능력으로 내가 죽어 가는 중인 건 아닐까?
그렇다면 내가 죽는 게 맞는 건가? 산타 할아버지, 저는 이번 크리스마스가 마지막인 것 같아요.
그러니까 굳이 저한테 오지 마시고 저와 관련된 모든 사람을 지켜 주세요.

1996년 1월 3일.

내일이면 난 죽는다. 확실히 느껴진다. 내 안의 열기가 날 집어삼킬 준비를 마쳤다는 걸.
기침하면 간혹 나오는 재도 점점 많아지는 걸 보니 말이다. 아 뜨거.

▶ **철두철미** '처음부터 끝까지 철저하게'라는 뜻이다. 두는 머리 두(頭), 미는 꼬리 미(尾)를 사용한다.

▶ **치부하다** '마음속으로 그러하다고 보거나 여기다'라는 뜻이다.

1 다음 중 본문을 통해 알 수 있는 게 아닌 것은? (   )

❶ 이 글은 023의 능력에 당한 사람의 일기다.

❷ 023은 검은 털이 덥수룩하게 난 개의 외형을 가지고 있다.

❸ 023의 눈을 본 사람은 정확히 1년 뒤에 죽는다.

❹ 이런 효과를 방지하고자 023의 눈을 뽑았으며, 이후 능력은 사라졌다.

❺ 일기의 주인공은 사망했다.

2 다음은 연구원의 일기 속 날짜를 적은 것이다. 해당 날짜와 연관된 그림을 알맞게 짝지어 주세요.

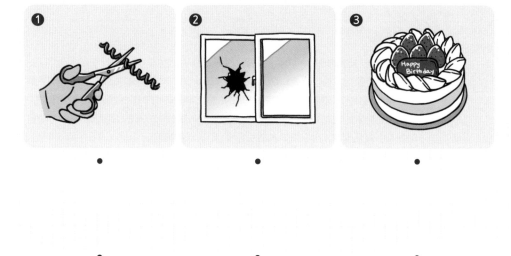

❶   ❷   ❸

ⓐ 4월 2일   ⓑ 8월 26일   ⓒ 10월 1일

3 다음 중 '철두철미'와 같은 의미의 '미'를 사용하는 단어는 무엇일까요? (   )

❶ 두현: 내 취미는 요리하는 거야. 넌 취미가 뭐니?

❷ 곽윤: 엄마가 날 미용실에 데려가 줬어. 내 머리가 너무 덥수룩해서 그런가 봐.

❸ 남도: 꼬리가 아홉 개인 여우? 정답! 구미호!

❹ 철민: 어제 엄마가 건강 프로그램을 보신 이후로, 자꾸 현미밥을 주셔. 난 쌀밥이 좋은데...

❺ 영규: UFO는 'Unidentified Flying Object'의 앞 글자를 딴 단어로, 우리말로 바꿔 말하면 '미확인 비행 물체'를 말하는 거야.

4 다음은 연구원의 또 다른 일기입니다. 내용을 읽고, 어느 일기 뒤에 넣어야 할지 골라 주세요. (   )

> 결국 옆집에 쳐들어갔다. 마침 집에 있던 옆집 아줌마는 내 몰골을 보고 비명을 질렀다. 급기야 식칼을 내 앞에 들이밀면서 위협까지 하던데, 정말 어이가 없었다. 지금까지 창문이 깨져 피해를 본 건 난데. 난 일단 아줌마의 손목을 잡아 칼을 떨어뜨리고, 다시 한번 아이들이 내 창문을 깨는 걸 막아 달라고 부탁했다. 그러자 이번엔 울면서 고개만 끄덕였다. 대답하라고 다그치자 그제야 알겠다고 소리 쳤다. 살짝 양심의 가책 같은데 들긴 했는데, 그것도 잠깐이었다. 곧 있음 내 생일인데, 이 정도 선물은 괜찮지 않을까?

❶ 1월 4일   ❷ 4월 2일   ❸ 8월 26일   ❹ 10월 1일   ❺ 12월 24일

5 다음 중 023을 그린 것으로 알맞은 그림을 골라 주세요. (   )

❶   ❷   ❸

6 023은 안구를 적출당하면서 '투명화'라는 새로운 능력을 얻게 되었습니다. 이 능력에 대해 올바르게 설명하는 아이는 누구인가요? (   )

❶ 수영: 물을 조종하는 능력이야! 하지만 밤에는 쓸 수 없어.

❷ 재민: 사물을 꿰뚫어 보는 능력이야. 벽을 사이에 둬도 벽 너머의 물건을 볼 수 있어.

❸ 영찬: 사람의 이름이 보이는 능력이야. 이 능력을 쓰면 이마 부분에 그 사람의 이름이 보여.

❹ 규혁: 빛을 통과해 몸이 안 보이는 능력이야. 사라지는 건 아니니까 만져지긴 할 거야.

❺ 유선: 빛을 발사하는 능력이야! 상대방을 눈부시게 할 수 있지.

붉은 웅덩이

SCP-354는 캐나다 북부에서 발견된 붉은 액체로 채워진 웅덩이다. 이 액체의 농도는 인간의 혈액과 유사하지만, 실제 혈액의 특성을 가지지는 않는다. 깊게 내려갈수록 농도가 짙어지는데, 현재까지도 웅덩이 바닥을 탐사하지는 못했다. 탐사에 **난항을 겪는** 이유 중 하나는 바로 354에서 주기적으로 생명체들이 나오기 때문이다. 이 생명체들은 매우 적대적인 태도를 보이며, 다소 위험한 것으로 판단된다. 아래는 354를 감시하는 부대원 중 한 명이 쓴 일기다.

1■■■년 ■■월 ■■일

354로 파견된 날이었다. 캐나다도 처음, SCP 개체를 감시하는 것도 처음, 모든 게 다 처음이었다. 떨리는 마음으로 354에서 10km 떨어진 대기소에 도착한 순간, 354를 관측하는 관측소 '엡실론-38'의 연락이 두절되는 사태가 벌어졌다. 우린 방탄복을 채 풀기도 전에 다시 작전에 들어가야 했으며, 사태 수습을 위해 354에 곧바로 진입해야 했다. 처음 본 354는 내 예상보다 붉었다. 설원의 하얀 색과 354의 붉은 색이 내게 **괴리감**을 불러일으켰다. 하지만 그것도 잠시, 난 거대한 박쥐가 날아오는 것을 보고 자연스럽게 총을 들어 올렸다. 그리고 빵! 그것의 뇌를 통째로 날려 버린 것 때문에 연구원들에게 쓴소리를 듣긴 했지만, 어쩌라고?

1■■■년 ■■월 ■■일

354-1이라고 지정된 그 거대 박쥐가 나온 지도 거의 1년이 넘어가던 날이었다. 햇빛이 파랗게 퍼지던 새벽, 관측소에서 긴급 토벌 명령이 떨어졌다. 지난번처럼 박쥐라도 나타난 걸까? 난 후배들을 다독이며 같이 354로 투입했다. 354 주위로 건설한 울타리 위로 올라가서 보니, 날카로운 가시로 뒤덮인 포유류 생명체가 이리저리 돌아다니고 있었다. 당연히 박쥐가 나올 줄 알았는데, 저 고슴도치 같은 건 뭐야? 그렇게 황당해하던 가운데, 그 고슴도치(354-2)에 달린 가시에 옆에 있던 나무가 쓰러졌다. 즉시 후배들과 같이 고슴도치한테 총을 쐈다. 하지만 우리가 쏜 총알은 그것을 상처 입힐 수 없었다. 난 혹시 몰라서 챙겨 놨던 소이탄을 꺼내 그것에게 던졌다. 펑! 하는 소리와 함께 살이 타는 냄새가 354 전체에 진동했다. 소이탄 폭발의 열기가 고슴도치를 바삭하게 구워 냈고, 그것이 움직임을 멈추고 나서야 우린 울타리 안으로 들어가 그 생명체를 확보했다. 그런데도 연구팀장한테 쓴소리를 들었다. 왜 죽이냐고. 참나, 내 덕에 다 이렇게 산 주제에.

▶ **난항** 배나 비행기 운행에 쓰이는 말이기도 하지만, 그렇지 않은 경우에도 사용한다. 일이 순조롭지 못하게 진행되는 것을 비유적으로 뜻하는 말이다.

▶ **괴리감** 서로 어긋나서 동떨어져 있는 것처럼 느껴지는 마음을 뜻한다. 비슷한 말로는 '위화감', '이질감', '어색함'이 있다.

1■■■년 ■■월 ■■일

징계를 마치고 돌아온 지 2달째, 이번엔 약 4.6m 높이의 인간형 파충류가 354에서 나왔다고
보고받았다. 나는 출동하기에 앞서 연구팀장에게 가서 사살해도 되는지 물었다. 그러는 사이, 그
괴물이 354의 울타리를 넘어갔다는 소식이 들려왔다. 결국 연구팀장은 사살해도 된다고 내게 말했고,
난 즉시 괴물을 추적하면서 인근에 있는 다른 부대에 연락을 넣었다. 하여간 생긴 건 꼭 대중 매체에
나오는 '렙틸리언' 뭐같이 생겨서는, 왜 이렇게 추운 곳에 나타난 걸까?

다행히 근처에 오메가-7 '판도라의 상자' 부대가 있어서 도움을 요청했고, 남아 있는 우리 팀과
'판도라의 상자' 부대의 합동 작전으로 그 파충류 인간 사살은 손쉽게 이루어졌다. 난 파충류 꼬리를
확보해 연구팀에게 넘겨줬다. 이것만이라도 확보해 줘서 고맙다는 연구팀 말에 자연스레 입꼬리가
올라갔다.

1■■■년 ■■월 ■■일

한 달 동안 휴가를 갔다 온 사이에 울타리가 엉망진창이 되어 있었다. 무슨 일이냐고 물어봤더니,
저번에 354-4(그 렙틸리언 뭐)를 잡고 '7일 뒤, 새로운 괴물(이게 아마 354-5겠지?)이 나타나
울타리를 다 부쉈다고 말했다. 엄청나게 컸냐고 하니까 아니란다. 연구팀장이 개체를 온전히
확보하려고 하다 애꿎은 기지만 부숴 먹은 거란다. 하여튼 그 양반, 내가 언제 한번 죽인다.

그렇게 사무실로 돌아와 일을 처리하고 있는 와중에, 관측소에서 긴급 토벌 명령이 떨어졌다. 한숨
한 번 깊게 쉬고 상황을 전달받았는데, 이번에 나온 건 웬 인도 남자였다. 난 즉시 남아 있는 인원으로
팀을 꾸려 현장으로 갔다. 하지만 우리가 가는 사이 그는 울타리의 잔재를 오르고 있었고, 우린 그
괴물을 곧바로 만날 수 있었다. 뭔가 켕기는 기분이 들었다. 전처럼 거대 박쥐라든지, 강철 고슴도치나
파충류 인간이었으면 그냥 마음 놓고 쐈을 텐데, 354에서 나왔다고는 해도 그 모습이 너무 인간
같으니까. 354-6이라는 이름을 지어 줘도 되나 싶었다.

한동안은 대치 상황이 계속됐다. 그쪽도 자기가 불리하다는 걸 알고 함부로 덤벼들지 않는 것 같았다.
만약 그 상황이 계속 유지됐다면, 사실 대신 확보할 생각이었다. 그런데, 내 수신호를 잘못 이해한
부대원 한 명이 총을 쏘고 말았고, 그 남자는 우리가 쏜 총탄에 맞아 그 자리에서 사망했다. 연구팀장은
곧장 내게 징계를 내렸고, 난 덕분에 다른 기지로 전출되었다.

조치는 내일 바로 진행된다고 한다. 그렇다는 건, 이게 내가 마지막으로 쓰는 354 일기라는 뜻이다.
잘 먹고 잘살아라.

▶ **켕기다** '단단하고 팽팽하게 되다'라는 뜻과 '속으로 은근히 거리끼거나 겁나는 상태가 되다'라는 뜻이 있다.
본문에서는 두 번째 의미로 사용되었다.

▶ **전출** 이전 거주지에서 새 거주지로 이사한다는 의미지만, 새 근무지나 학교 같은 곳으로 옮겨 갈 때 주로
사용된다.

1 다음 중 본문을 통해 알 수 있는 게 아닌 것은? (　　)

❶ 이 글은 354를 감시하던 사람이 쓴 일기다.

❷ 354는 붉은 액체로 채워진 웅덩이로, 캐나다 동부에서 발견되었다.

❸ 일기의 주인이 처음 이곳에 온 날, 354-1이 나타났다.

❹ 354를 감시하던 중, 연구팀장에게 쓴소리를 들었다.

❺ 354-4를 사살하기 위해, 근처에 오메가-7 '판도라의 상자' 부대와 합동 작전을 세웠다.

2 다음은 일기의 주인이 본 **354 괴물**들이다. 괴물의 이름과 알맞은 명칭을 짝지어 주세요.

❶ 354-1 　　　　❷ 354-2 　　　　❸ 354-6

•　　　　　　　　•　　　　　　　　•

•　　　　　　　　•　　　　　　　　•

ⓐ

ⓑ

ⓒ

3 다음 글에서 빈칸에 들어갈 단어로 알맞은 것은? (　　)

(1) 네 강아지는 얼굴은 귀여운데 몸에 근육이 너무 많아서 (　　　)이 생겨.

(2) 항상 웃긴 연기만 하던 코미디언이 이 드라마에서는 진지한 연기를 하는 거야.
　 난 그 (　　　) 때문에 집중을 못 했어.

❶ 동질감　　　　❷ 괴리감　　　　❸ 유머 감각　　　　❹ 유대감　　　　❺ 공감각

4 다음 중 354에서 나온 괴물에 관해 바르지 않은 것은? (   )

① 354-1은 일기의 주인에 의해 죽었다.

② 354-2는 354-1이 출몰한 지 1년이 넘어가던 날에 나타났다.

③ 354-3도 일기의 주인이 담당해서 사살했다.

④ 354-4를 죽이기 위해서 일기의 주인은 다른 부대와 합동 작전을 펼쳐야 했다.

⑤ 일기의 주인은 354-6을 죽일 생각이 없었다.

5 다음은 354 괴물 중 하나를 그린 것입니다. 이 괴물의 명칭은 무엇이며, 일기의 주인은 어떻게 잡았는지 알맞은 것을 골라 주세요. (   )

① 354-2, 불을 붙여서.

② 354-4, 다른 부대와 합동 작전을 펼쳐서.

③ 354-1, 불을 붙여서.

④ 354-4, 불을 붙여서.

⑤ 354-2, 다른 부대와 합동 작전을 펼쳐서.

6 일기의 주인은 많은 괴물과 싸우며 갈등을 빚었습니다. 일기의 주인을 다른 기지로 전출 보낸 직접적인 존재는 무엇일까요? (   )

① 354-1   ② 354-4   ③ 354-6   ④ 연구팀장   ⑤ 부하 부대원

만물 나무

존경하는 감독관님께

안녕하십니까? 저는 SCP-038의 담당 연구원 클라인 박사입니다.

먼젓번에 드렸던 편지가 제대로 올라간 것 같지 않아 다시 한번 편지를 써서 올립니다.

제가 담당하는 SCP-038 '만물 나무'는 표피에 닿는 모든 것을 복제할 수 있는 나무입니다. 그런데 이 능력을 개인적으로 이용하는 사람들이 있습니다.

이미 앞서 말씀드린 사항이지만, 23 기지의 ■■ 박사와 ■■■■ 박사가 제 카드키를 훔치고 038에 접근한 적이 있었습니다.

그들은 자판기에서 산 간식거리와 더불어 DVD를 038로 복제하고는 자기들 숙소로 돌아갔죠. 전 무슨 거창한 이유라도 있을 줄 알았습니다. 하지만 그들을 잡고 이유를 물어보니, '자기 전에 과자나 씹으면서 영화 한 편 보고 싶었다'고 하더군요.

이게 말이 됩니까? 우리가 변칙 개체들을 확보하는 이유가 뭡니까? 우리의 머리로는 이해할 수 없으니까 확보하는 것 아닙니까? 그래서 확보한 개체들을 연구하는 건데, 이걸 멋대로 사용하는 게 올바르다고 생각합니까?

일벌백계 차원에서 당장 두 연구원에게 징계를 부여할 것을 요청합니다.

그리고 기지 내 방송을 통해 038은 담당 연구진이 아니면 접근할 수 없도록 접근 단계를 올려 주시기를 바랍니다. 다시 한번 편지를 올리는 점 양해 부탁드리며, 하루빨리 조치가 되었으면 좋겠습니다.

038 담당 연구원 클라인 박사 올림

친애하는 클라인 박사에게

보내 준 두 편지는 잘 읽었습니다. 그리고 박사의 말도 확실히 알겠습니다.

하지만 박사가 내게 편지를 보내 준 것보다 더 많이, 038의 접근 단계를 낮춰 달라는 편지가 오고 있습니다. 박사는 혼자지만, 상대방은 기지 전체입니다.

저는 박사의 의견에 약간 의문이 듭니다. 물론 박사께서 038을 담당하고 있고, 박사께서 038을 개인적으로 사용한다고는 생각하지 않습니다.

하지만 이곳에는 박사만큼이나 유능한 인력들이 있고, 038만큼 신비한 개체들도 있습니다. 그런데 038을 그렇게나 특별 취급한다면, 다른 인원과 개체들은 어떻게 해야 할까요? 그리고 038은 능력까지 복제할 수 없고, 90.9kg 미만의 사물만 복제할 수 있는 것으로 알고 있습니다. 감독관인 제 판단으로는 038만 특별 취급하기엔 그 능력이 다소 떨어집니다. 그래도 편지에 적힌 두 연구원에게 징계를 부여하긴 하겠습니다.

038의 접근 단계를 올리는 것은 기각하겠습니다만. 이 점 이해해 주시기를 바랍니다.

제23기지 고위 감독관 드림.

▶ **먼젓번에** '지난번'이라는 의미의 단어어.

▶ **일벌백계** 하나를 벌하여 백 명을 경계하게끔 만든다는 뜻의 사자성어다.

1 다음 중 본문을 통해 알 수 있는 게 아닌 것은? (　)

❶ 이 글은 038을 연구하는 연구원과 23 기지 고위 감독관이 같이 쓴 글이다.

❷ 038은 표피에 닿는 모든 것을 복제하는 나무다.

❸ 기지 내 038을 개인적으로 이용하는 사람들이 있다.

❹ 클라인 박사는 038을 개인적으로 이용하는 사람들을 싫어한다.

❺ 감독관은 클라인의 요청을 일부 거절했다.

2 다음은 038에 접촉할 예정인 사물입니다. 사물의 설명과 그림을 보고, 접촉 후 복제되는 사물의 특징을 적어 주세요.

SCP-500 '만병통치약' 한 알의 무게는 0.5g.

어떤 병이든 반드시 치료하는 알약. 입으로 섭취해야 하며 섭취 후 2시간 이내에 모든 병이 치료된다.

특징 : _____

3 설명글의 '일벌백계'에서 백은 '일백 백(百)'을 씁니다. 다른 의미의 '백'이 사용된 문장은? (　)

❶ 지난 주말에는 <u>백</u>화점에 갔다.

❷ 퍼센트(%)는 우리말로 <u>백</u>분율이다.

❸ 오늘 미국의 <u>백</u>만장자가 우리나라에 도착했다고 합니다.

❹ <u>백</u>혈병은 우리 피에서 <u>백</u>혈구가 비정상적으로 많아지는 병이다.

❺ 철수는 어제 있었던 양궁대회에서 <u>백</u>발<u>백</u>중! 쏘는 과녁마다 10점을 맞췄어.

4 만약 038을 딱 한 번 이용할 수 있다면 어떤 걸 복제해 보고 싶나요? 상상력을 발휘해 적어 보세요.

태엽 장치

안녕하십니까? SCP-914의 담당 연구원 ■■■■■ 박사입니다. 914는 넓이 18㎡에 이르는 기계 장치로, 투입한 물건을 조정 단계에 맞춰 **정제하는** 개체입니다. 물건을 넣을 투입 칸막이와 정제된 물건이 나오는 배출 칸막이로 구분되어 있으며, 가운데에는 '매우 굵음', '굵음', '1:1', '고움', '매우 고움'으로 나누어져 있는 조정 장치가 있습니다.

우리는 다양한 실험을 통해 914의 능력을 밝혀냈고, 더 알아내야 합니다. 그런데 일부 연구원들은 생명체를 정제하는 실험까지 건의하더군요. 그간 914를 관찰하고, 거의 모든 실험을 지켜본 자로서, 생명체를 이용한 실험은 좀 더 **심사숙고**해야 한다고 생각합니다. 두 가지 이유가 있습니다.

첫 번째. 너무 위험합니다. 아래는 이 말을 잘 나타내는 실험 기록입니다.

> **투입** D 계급 인원 D-187. 백인 남성, 28세, 63kg, 173cm (설정: 매우 고움)
>
> **배출** 피험자가 [데이터 말소]가 되어 실험실에서 탈출, 감시원 8명을 비롯해 ■■■ 박사와 ■■■■■■■ 박사를 살해 후 탈출하는 사태가 벌어짐. 특수대응반이 피험자와 교전, 기지는 심한 손상을 입었으며 피험자는 수 시간 뒤에 푸른색 재로 변해 사망했다. 이 재 때문에 근처의 연구원들이 실명하기도 했다.

위 실험 기록을 통해 우린 매우 고움으로 정제하는 게 얼마나 위험한 일인지 알게 되었습니다.

두 번째. 윤리적 문제가 우려됩니다. 아래는 실험 기록입니다.

투입	배출
흰 생쥐 한 마리 (설정: 1:1) ----→	갈색 생쥐 한 마리.
침팬지 한 마리 (설정: 매우 굵음) --→	고열에서 짓눌리고 절단당한 것으로 보이는, 심하게 훼손된 시체
D 계급 인원 D-186. 백인 남성, 42세, 108kg, 185cm. (설정: 1:1) --→	나이 42세, 100kg에 키 188cm인 히스패닉 남성. 남성은 자기 몸을 보며 매우 혼란스러워했다.

특히 마지막 실험으로 나온 실험체는 과도한 스트레스로 끝내 사망하고 말았습니다. 우리가 실험하는 이유는 더 나은 세상을 만들기 위함이지, 너도 죽고 나도 죽는 세상을 만드는 것이 아닙니다. 물론 실험 건의는 자유지만, 자유로이 건의가 받아들여지는 일은 없어야 합니다.

▶ **정제하다** '정성을 들여 정밀하게 잘 만들다'란 뜻과 '물질에 섞인 불순물을 없애 그 물질을 더 순수하게 하다'라는 뜻을 가지고 있다.

▶ **심사숙고** '아주 깊이 생각함, 또는 그러한 생각'을 의미하는 사자성어다.

1 **다음 글을 통해 알 수 있는 게 아닌 것은? (   )**

❶ 이 글은 SCP-914의 담당 연구원이 작성한 글이다.

❷ 914는 투입된 물체의 성능을 무조건 향상시키는 기계 장치다.

❸ 일부 연구원들은 914에 생명체를 투입하려고 건의하고 있다.

❹ 914에 생명체를 넣은 적이 있다.

❺ 914에 들어갔던 인간 실험체는 모두 사망했다.

2 **다음은 914에 넣은 종이봉투의 실험 결과입니다. 조정 단계와 결과물을 알맞게 짝지어 주세요.**

❶	❷	❸
매우 굵음	1:1	매우 고움

ⓐ   ⓑ   ⓒ

3 **다음 중 '심사숙고'라는 말을 바르게 사용하는 아이는 누구일까요? (   )**

❶ 규석: 부모님의 복수를 하기 위해, 난 심사숙고 무술을 갈고닦았다.

❷ 리안: 물건 두 개를 하나 가격으로 살 수 있다니, 이거 심사숙고 아냐?

❸ 종수: 병수는 정말 심사숙고야. 같은 말을 3번이나 했는데 이해를 못 해.

❹ 병태: 이 방법도 맞고 저 방법도 맞으니, 좀 더 심사숙고할 필요가 있어.

❺ 강현: 전하께서 가장 아끼시는 도자기를 깨뜨리다니, 심사숙고할 일이야!

어서 오게. 여긴 SCP-1440의 소재를 파악하는 상황실이네. 난 자네를 교육할 선임 요원 ■■■■■이지. 이제 막 들어와서 뭐가 뭔지 모를 거야. 일단 앉아서 얘기하지.

먼저 1440에 관해 설명해 줘야겠구먼. 1440은 이렇게 생긴 인간형 개체일세. 어때? 딱히 위험해 보이지 않지? 나도 그렇게 생각해. 하지만 그의 능력을 알게 된다면 그런 말이 사라질 거야. 1440이 인간이나 인간이 만든 건물, 도시와 접촉하면 대상은 반드시 파괴적인 결말을 맞이하네.

이렇게 말하면 감이 안 오겠지? 1440이 도시에 나타난다면 그곳에는 머지않아 핵폭탄이 떨어진다는 말이네. 물론 핵폭탄은 하나의 예시일 뿐이네. 그것 말고도 다양한 이유로 파괴를 맞이하지. 화산이 폭발하든, 홍수가 나든. 그렇게 한 곳이 **궤멸하면**. 1440은 해당 장소에서 멀리 떨어진 곳에 다시 나타나네. 적어도 자기 능력으로 죽지 않는다는 말이지.

응? 그럼 격리하면 되지 않냐고? 우리도 해 봤지. 그런데 격리는 실패했고, 당시 1440이 있던 142 구역은 핵폭탄으로 파괴됐어. **아비규환**이 따로 없었지. 그 일이 있고 일주일 후. 그는 142 구역에서부터 3000km 떨어진 곳에서 발견됐어. 그 뒤로 3건의 격리 작전이 모두 실패로 돌아간 뒤에야 우리는 1440의 격리 등급을 조정하고. 조치를 대폭 수정했지. 그게 지금 여기서 우리가 하는 일이네.

우린 이곳에서 전 세계를 탐지해야 하네. 아까 보여준 사진 봤지? 1440은 사진과 완벽하게 일치하니 걱정하지 말게. 그렇게 1440을 찾으면 그가 걷는 방향과 속도를 계산해 상부에 보고해야 하네. 그럼 상부에서 알아서 할 거야. 주변 국가에 알리던지. 아니면 자체적으로 대피 명령을 내리던지.

응? 1440이 어쩌다 그런 능력을 갖추게 되었냐고? 글쎄... 1440이 142 구역에 있었을 때. 짧게나마 면담을 진행한 적이 있었거든? 그 말을 전부 믿을 수는 없지만. 간단하게 말하자면 이거야.

1440은 어떤 형제들과 카드 내기를 했다고 했네. 내기의 조건은 1440의 목숨이었다고 했지. 그리고 그 내기에서 형제들을 이겼고. 내기에서 진 그 삼 형제는 1440의 목숨을 가져갈 수 없어서 무척 화가 났다고 해. 자네는 이게 무슨 말인지 알겠나? 모를 테지. 자, 일에 대해서 좀 더 자세히 얘기하겠네. 이쪽으로 오게.

▶ **궤멸하다** 무너지거나 흩어져 없어진다는 뜻의 단어이다.

▶ **아비규환** 불교에서 말하는 지옥인 '아비지옥'과 '규환지옥' 뜻하는 사자성어로, 여러 사람이 비참한 지경에 빠져 울부짖는 참상을 비유적으로 나타내는 말이다.

1 다음 중 본문을 통해 알 수 있는 게 아닌 것은? (   )

❶ 이건 1440을 담당하는 부서에서 선임 요원이 후배에게 하는 말이다.

❷ 1440은 노인의 모습을 한 인간형 개체다.

❸ 1440은 인간이나 인간이 만든 건물, 도시와 접촉하면 대상을 파괴하는 능력이 있다.

❹ 1440의 능력에 1440이 죽지 않는다.

❺ 이 말을 하는 선임의 임무는 1440을 생포하는 것이다.

2 다음은 **1440**이 다시 나타날 당시에 확보한 사진입니다. 이 중 1440의 능력이 발동되는 곳은 어디일까요? (   )

❶

❷

❸

❹

3 설명글의 '궤멸하다'에서 멸은 '멸할 멸(滅)'을 씁니다. 다른 '멸'을 사용하는 문장은? (   )

❶ 공룡은 지금으로부터 6550만 년 전에 <u>멸종</u>했다.

❷ 상대의 작전에 휘말려 우리 군 병사들이 <u>전멸</u>하고 말았다.

❸ 이 의식만 무사히 치르면 난 죽지 않는 <u>불멸자</u>가 된다!

❹ 양반의 <u>멸시</u>를 받은 농민들은 결국 반란을 일으켰어.

❺ 신라는 기원후 935년에 <u>멸망</u>했다.

주장글 | 개들은 더 커질 수 있었어

SCP - 4464
등급 : 유클리드
타입 : 현상

제목: 윤리 위원회에 요청합니다! 우주에 있는 4464들을 구조할 기회를 주세요!

안녕하십니까? 저는 4464에 관심이 있는 그레이스 연구원입니다.

다름이 아니라, 현재 우주에 떠 있는 4464 개체들을 구조할 기회를 원합니다.

SCP-4464는 유년기 상태의 갯과 동물이 저중력 상태에 30초 이상 머물게 되면,

더 이상 먹이, 물, 산소를 필요로 하지 않고 급속도로 성장하는 현상을 말합니다.

현재까지 확인된 개체는 총 6개체. 4464-1은 달 표면에 위치한 길이 약 1.1km의 수컷

레온베르거이며, 4464-2는 소행성대 궤도에 근접해 있는 55km의 암컷 레온베르거,

4464-3은 4464-2의 새끼들로 보이는 4마리의 강아지를 말합니다.

이 아이들은 단순히 누군가의 장난으로, 아니면 잔혹한 실험으로 저 외로운 우주로 날아갔습니다.

얼마나 더 많은 동물이 과학이라는 이름 아래 피를 봐야 합니까?

그리고 저 아이들은 탐구할 가치가 충분한 아이들입니다. 그들을 조사하면 우주에서 살아가는 데

더 많은 정보가 생길 겁니다. 우주 진출이 마냥 헛것이 아니라는 소리입니다. 저 가여운 아이들을

고향으로 되돌릴 수 있도록 허락해 주십시오.

■■기지 연구원 그레이스 올림

**제목: RE:
윤리 위원회에 요청합니다! 우주에 있는 4464들을 구조할 기회를 주세요!**

윤리 위원회입니다. 보내 주신 글 잘 읽었습니다.

결론부터 말씀드리면 그것들을 지구로 회수하는 건 허가할 수 없습니다.

먼저 첫째, 4464 개체들을 누군가의 장난으로 치부하기엔 너무 스케일이 큽니다.

잔혹한 누군가가 했다기엔, 4464 개체들의 생명이 위협받는 것처럼 보이지도 않고요.

그리고 둘째, 그것들을 조사해 우주 진출을 꿈꾼다라... 납득이 안 되는군요.

이곳에 얼마나 많은 인력이 있는데, 고작 우주 진출을 위해 그것들을 회수하자고요?

그리고 우주에서 잘 살고 있는 개체들인데, 지구에서도 무사히 잘 살 수 있다는 보장이 있습니까?

그레이스 연구원, 당신이 평소 동물을 얼마나 사랑하고 있는지는 알고 있습니다. 하지만 그렇다고

모든 동물의 행복을 당신의 시선으로 판단하지 마십시오.

물론, 4464 실험은 전면 금지해 더 많은 개체가 생기는 것을 막겠습니다. 좋은 밤 되십시오.

윤리 위원회

▶ **구조하다** 어려움에 부닥친 사람이나 동물을 구한다는 뜻이다. 비슷한 말로는 '구원하다', '구하다'가 있다.

▶ **회수하다** 결함이 있는 물건이나 제품을 찾아서 가져온다는 뜻이다.

1 **다음 중 본문을 통해 알 수 있는 게 아닌 것은? (   )**

❶ 4464는 저중력 상태에 있는 갯과 동물이 급속 성장하는 현상을 말한다.

❷ 그레이스 연구원이 윤리 위원회에, 이후 윤리 위원회가 그레이스 연구원에게 답장을 보냈다.

❸ 현재 우주에 떠 있는 4464 개체는 3마리다.

❹ 그레이스 연구원의 요청은 거절되었다.

❺ 윤리 위원회는 4464 실험을 금지했다.

2 **다음은 그레이스 연구원의 주장과 윤리 위원회의 주장을 간단히 정리한 겁니다. 이 중 어색한 것을 골라 주세요. (   )**

그레이스 연구원

❶ **주장:** 4464 개체를 구조할 수 있게 기회를 달라.

❷ **이유:** 이건 누군가 고의로 강아지를 보낸 거니까. 질이 나쁘다.
그들을 구조해 연구하면 우주 진출을 할 수 있다.

윤리 위원회

❸ **주장:** 4464 개체를 회수할 수 없다.

❹ **이유:** 4464들의 생명이 위급해 보이지 않는다 고작 우주 진출을 위해
그것들을 회수하는 건 말이 안 된다.

❺ **이유:** 오히려 우주에서 잘 살고 있는 개체들인데, 지구에 오면 분명히 죽는다.

3 **설명글의 '구조하다'에서 구는 '구원할 구(救)'를 씁니다. 다른 '구'를 사용하는 문장은? (   )**

❶ 이건 우리 집 <u>구급상자</u>야.

❷ 저분은 우릴 구원해 줄 <u>구원자</u>시다!

❸ 산속을 헤매던 삼촌은 119대원에 의해 간신히 <u>구출</u>됐어.

❹ 종환은 운동을 잘해. 특히 <u>구기종목</u>을.

❺ 물에 들어가기 전에 <u>구명조끼</u>를 챙겨야지.

4 **둘 중 어느 사람의 말이 더 맞는다고 생각하세요? 자유롭게 생각해서 적어 주세요.**

제목: SCP-155-KO의 완전 박멸을 건의합니다.

　　SCP-155-KO는 25~60cm 정도 크기를 가진 변칙적인 비닐봉지입니다. 외형과 구성 성분은 일반적인 비닐봉지와 일치하지만, 해파리와 유사한 방식으로 몸을 움직일 수 있는 개체이며, 다른 비닐봉지와 같이 바람을 타고 날아가거나 물속에서 헤엄칠 수 있어 야생에서 넓은 반경으로 활동할 수 있습니다. **전방위**를 볼 수 있는 시각 능력이 있습니다. 하지만 지능은 쥐와 비슷한 수준으로 보이며, 자기를 먹지 않는 큰 생물 앞에서는 움직이지 않으려고 합니다. 물리력 또한 보통의 비닐봉지처럼 약합니다. 하지만 이것들은 우리 삶에 큰 악영향을 미치고 있습니다. 현재 재단에서 격리하고 있는 개체들을 제외한 야생 155-KO 들을 박멸해야 한다고 생각합니다.

　　155-KO 개체들은 번식 활동으로 물고기, 바다거북, 소형 포유류나 조류를 숙주로 삼습니다. 일부러 그들의 먹이인 척 다가가 그들에게 먹히고, 숙주의 내장을 흡수해 최소 2마리에서 5마리까지 개체수를 늘리죠. 이 과정에서 숙주가 사망하는 것이 문제입니다.

　　155-KO는 현재 지구의 생태계에서 가장 우위에 존재합니다. 155-KO의 번식 활동을 막을 요인이 인간 말고는 없으며, 그들을 먹어 개체 수를 조절할 동물은 더더욱 없죠. 애초에 그들을 먹는 게 번식 방법이니까요. 이미 많은 수의 동물들이 155-KO에 의해 멸종 위기종으로 지정되었습니다. **생태계**를 되돌리기 위해, 155-KO는 반드시 박멸해야 할 숙제입니다.

　　또한 155-KO로 인해 인명 피해가 발생하기도 했습니다. 피해자는 사망하고 말았고, 부검 결과 피해자의 위장과 십이지장에 어린 155-KO들이 붙어 있었죠. 인간도 안전하지 않다는 말입니다. 현재 계산된 바로는 야생 155-KO는 약 50만 마리가 존재하는 것으로 보입니다. 그중 80%는 태평양 쓰레기 섬에 서식하는 것으로 보입니다. 먼저 이곳을 공략하고 남은 개체들을 제거하는 것이 좋다고 생각합니다.

　　지금 재단에서 확보한 155-KO 개체만 6,121마리입니다. 이미 많은 수가 격리 중이니, 야생 155-KO의 박멸을 건의합니다.

▶ **전방위** '모든 방향'을 뜻하는 말이다. 비슷한 말로는 '사방팔방'이 있다.

▶ **생태계** 상호 작용하는 유기체들과 주변의 무생물 환경을 묶어서 부르는 말이다. 먹이 사슬과 같이 쓰기도 하지만, 먹이 사슬보다 생태계를 더 큰 범위로 사용한다.

1 다음 중 본문을 통해 알 수 있는 게 아닌 것은? (   )

❶ 글쓴이는 155-KO를 좋아한다.

❷ 155-KO는 25~60cm 크기를 가진 변칙적인 비닐봉지다.

❸ 155-KO는 번식 활동으로 숙주에게 먹히는 방식을 사용한다.

❹ 현재 155-KO 야생 개체는 약 50만 마리가 존재할 것으로 본다.

❺ 야생 155-KO 개체 중 80%는 태평양 쓰레기 섬에 있다.

2 다음 그림에서 **155-KO**의 번식 활동으로 이용될 가능성이 있는 것들을 모두 고르세요. (   )

3 다음 글을 읽고, 글이 설명하는 것이 무엇인지 골라 주세요. (   )

풀은 메뚜기에게 먹히고, 메뚜기는 개구리에게 잡아먹히고, 개구리는 뱀에게 잡아먹히고, 뱀은 매에게
잡아먹힌다. 이것을 먹이 사슬이라고 한다. 이런 먹이 사슬은 숲뿐만 아니라 강, 바다 등 다양한
환경에서 존재하며, 이런 먹이 사슬과 그들이 사는 환경을 포함해 (   )라고 부른다.
하지만 무분별한 사냥과 환경 오염으로 (   )가 파괴되고 있으니, 미래를 생각해서라도 쓰레기를
줄이고 환경을 생각해야 한다.

❶ 지상계   ❷ 천상계   ❸ 태양계   ❹ 생태계   ❺ 체온계

한 알이면 음료수가 만들어지는 알약

SCP-439-KO는 "한 알이면 됩니다! OO 맛"이라는 제품명으로 판매되고 있는 알약이다. 195mL 이상의 액체에 넣어졌을 때 변칙성이 발현되는데, 439-KO는 즉시 액체에 녹아들어 사라지고, 액체는 제품명에 적힌 맛으로 변화한다. 지금까지 재단이 확보한 맛은 델■■사의 오렌지 맛과 포도 맛, 펩■사의 콜라 맛, 몬■■ ■■■■사의 에너지 드링크, 닥■■■ ■■■사 탄산 맛으로 총 5가지다. 아래는 확보한 439-KO를 가지고 실험한 기록이다.

실험 기록 439-04 - 일자20□□/6월/21일. 담당자: 밀러 박사

실시 방법: 흙탕물이 담겨 있는 1.5L 페트병에 439-KO 1알을 넣었다.

결과: 흙과 같은 불순물이 섞인 상태의 음료수로 변했다.

여과기를 이용해 불순물을 모두 걸러 낼 수 있었다. 실험 후 음료수는 연구원들이 마셨다.

분석: 불순물의 유무와 관계없이 변칙성은 발휘되었다.

다만 불순물 자체가 그대로 남아 있는 것으로 볼 때, 액체에만 영향을 미친다는 것을 알 수 있다.

실험 기록 439-06 - 일자20□□/6월/24일. 담당자: 밀러 박사

실시 방법: 물 195mL를 담은 컵과 물 1톤을 담고 있는 탱크에 439-KO 1알을 넣었다.

결과: 물 195mL와 1톤은 모두 음료수로 변화했고, 서로 간에 맛, 성분, 농도 등의 차이점은 전혀 없었다.

분석: 이것은 예상외다. 439-KO 한 알이면 변화시킬 액체의 양은 상관없다는 것이 이 실험에서 가장 충격적인 점이다. 다음에 물양을 더 늘려서 실험해 보도록 해야겠다.

그리고 기지 식당 쪽에 연락해 음료수 제공에 관한 얘기를 해 봐야겠다.

실험 기록 439-07 - 일자20□□/6월/30일. 담당자: 밀러 박사

실시 방법: 물 10톤을 담은 탱크에 439-KO 1알을 넣었다.

결과: 물 10톤이 음료수로 변화했다. 변화한 액체는 이전 실험의 195mL 액체와 모든 것이 동일했다.

분석: 이후의 변칙성 한계 실험은 긴 준비 시간과 필요한 자원의 손실을 고려하면 불필요하다고 판단된다. 그리고 상부에 439-KO의 격리 절차 개정과 추가적인 예산을 요청해야 하며, 이 제품을 만든 단체의 소재 파악을 서둘러 진행해야 할 것 같다. 음료수는 전과 같이 식당에 전달해 직원들이 먹도록 처리했다.

밀러 박사는 439-KO가 유용하다고 판단해 시중에 판매되고 있는 제품들을 더 확보해야 한다고 주장했다. 하지만 아래 기재된 일련의 사건으로 인해 격리 등급을 재조정하고, 확보 후 처분 방향도 달라졌다.

사건 기록 439-01 - 일자20□□/7월/3일. 작성자: 밀러 박사

439-KO로 인해 이미 음료수로 변화한 액체에 또다시 439-KO를 넣었을 경우를 실험하기 위해 음료수로 변화한 액체를 운반하고자 했다. 그런데 운반 측의 실수로 약 500mL의 액체가 하수구로 흘러 들어가는 사고가 발생했다. 그 순간 해당 기지의 전용 하수 처리장에서 어마어마한 양의 음료수가 흘러왔다는 보고가 올라왔다. 재단은 음료수로 변한 □□톤의 물을 처리해야 했으며, 이 과정에서 천문학적인 자원 손실이 일어났다.

분석: 439-KO로 인해 변화한 액체에도 알약 형태일 때와 유사한 변칙성이 존재한다는 사실이 알려진 사건이다. 그러나 지금까지 439-KO를 마실 때 어떠한 효과도 나타나지 않았다는 것을 생각하면, 인간의 소화 과정에서 변칙성이 억제되거나, 알약 상태일 때와는 변칙성이 발휘되기 위한 물의 용량이 다를 것이라고 추측된다. 즉, 특정 조건에서만 변칙성이 발생하는 것이다. 이것을 자세히 알아보기 위해서는 추가적인 실험이 필요하지만, 439-KO의 위험성을 충분히 알아낸 재단이, 이 이상 실험을 하여 추가 액체가 발생하는 것에 대해 **승인해 줄지는** 의문이다.

이후 담당자였던 밀러 박사는 439-KO의 격리 등급 재조정을 상부에 요청했으며, O5 평의회의 승인에 따라 격리 등급을 케테르로 재조정했다. 또한 처리 방법도 사람이 직접 마시는 것으로 확정 지었으며, 439-KO가 처음 발견된 북아메리카 지역을 중심으로 쇼핑몰과 잡화점, 시장을 탐색해 제품을 최대한 확보하는 것으로 조치를 변경했다. 다른 조치가 나올 때까지 439-KO를 이용한 실험은 전면 금지됐다.

우측은 439-KO 알약이다. 만약 시중에서 이런 제품을 발견하면, 즉시 사 와야 한다. 청구는 439-KO 담당 부서로 **청구하면** 된다.

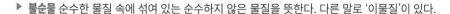

▶ **불순물** 순수한 물질 속에 섞여 있는 순수하지 않은 물질을 뜻한다. 다른 말로 '이물질'이 있다.

▶ **승인하다** '어떤 일을 허락하다. 또는 인정하다.'라는 뜻이다.

▶ **청구하다** 남에게 돈이나 물건 따위를 달라고 요구한다는 뜻이다. 반대말로는 '배상하다'가 있다.

1 다음 중 439-KO에 관해 바르지 않은 것은? (　　)

❶ 439-KO는 액체를 음료수로 변화시키는 알약이다.

❷ 현재 재단에서 확보한 맛은 5가지다.

❸ 439-KO의 실험은 모두 밀러 박사가 주관했다.

❹ 밀러 박사는 실험 후 발생한 음료수를 전부 하수도로 흘려 보냈다.

❺ 현재 439-KO의 격리 등급은 케테르로 재조정되었다.

2 다음은 439-KO를 이용한 실험 중 액체가 음료수로 변하지 않았던 실험의 사진이다. 사진에서 실험에 실패한 원인을 찾아 적어 주세요.

정답 : _____

3 설명글의 '불순물'에서 불은 '아닐 불(不)'을 씁니다. 다른 의미의 '불'을 사용한 아이는? (　　)

❶ 재찬: 석가모니의 가르침을 따르는 종교를 <u>불교</u>라고 불러.

❷ 연수: 침을 튀기면서 말하는 건 상대방을 <u>불쾌</u>하게 만드는 행동이야.

❸ 소희: 진시황은 먹으면 늙지 않는다는 <u>불로초</u>를 찾아 전국을 돌아다녔어.

❹ 명선: 죽어도 다시 살아난다는 <u>불사조</u>는 상상 속의 동물이야. 실제로는 존재하지 않아.

❺ 상민: <u>불면증</u>이 심해졌어. 몸은 피곤한데 잠을 못 자.

4 다음은 439-KO를 확보할 때 같이 있던 포장지다. 포장지 속 빈칸에 들어갈 말로 적합한 것을 골라 주세요. (   )

와우! 신기해라!

❶ 놓칠 수 없는 재미! 지금 당장!   ❷ 담갔다. 변했다. 맛있다!

❸ 한 알이면 됩니다! 주스 맛!   ❹ 너무 맛있어서 눈물이!

❺ 엄마! 전 이것만 마실래요!

5 다음 중 439-KO를 사용하는 실험에서 가장 위험할 것으로 보이는 실험은 무엇일까요? (   )

❶ 희정: 나는 사람의 침 200mL를 모아서 439-KO를 넣어 볼 거야.

❷ 재석: 나는 439-KO의 낙하 속도가 변화에 영향을 끼치는지 알고 싶어.
　　　　무중력 상태에서 200mL의 물에 넣어 볼 거야.

❸ 유빈: 난 주스를 좋아해서 온종일 먹을 수 있어. 동해에 439-KO를 던질 거야.

❹ 원식: 다른 액체도 변할까? 난 식용유 300mL에다가 439-KO를 넣어 볼 거야.

❺ 조현: 439-KO로 변화한 물도 439-KO와 같은 조건이 필요한 건지 알고 싶어.
　　　　439-KO로 변화한 주스를 150mL 물에 넣어 볼래.

6 아래 연구원은 실험을 위해 439-KO 알약을 하나 집어 먹었습니다. 이 연구원은 어떻게 됐을까요? (   )

❶ 죽었다.   ❷ 죽지 않고 인간 음료수가 됐다.   ❸ 아무런 변화가 없다.

7p

1. O, X, X, X, X, O

해설

① SCP-2353은 마네킹이 맞다. O

② SCP-2353이 할 수 있는 언어 중에 일본어는 없다. X

③ 미국의 노동절은 9월 첫째 주 월요일이다. X

④ SCP-2353이 어떻게 의사소통을 할 수 있는지는 재단 사람들도 모른다. X

⑤ SCP-2353의 특성을 알고 있기 때문에, 격리실 근처에서는 크록스 샌들을 신지 않는다. X

⑥ SCP-2353이 참지 못하는 것 중 하나는 펑퍼짐한 청 반바지다. O

2.

해설 2353이 못 견디는 패션 중에 '9월 첫째 주 월요일부터 5월 마지막 주 월요일 사이에 흰옷을 입는 것'이 있다. 하지만 그림 속 달력을 보면 해당 날짜는 6월이므로, 흰옷을 입어도 되는 달이다. 그러므로 정답은 하얀 양복을 빼입은 사람.

3. ④

해설 이 글에서 가장 길게 설명하는 내용은 SCP-2353이 참지 못하는 패션 센스에 대한 것이다. 이것을 가장 잘 요약해서 말해 주는 문장은 '이런 꼴은 정말 못 참아!'이므로, 정답은 ④번이다.

4. ①, ⑤

해설

① 이 글은 2353을 화나게 하는 패션 센스(옷 또는 신발)에 관해 설명하고 있다. O

② 이 글에는 2353의 취미가 나오지 않았다. X

③ 재단에서 유행하는 패션? 나오지 않았다. X

④ 2353이 미국에서 가장 큰 백화점에서 일했다는 걸 말했을 뿐, 그곳의 이름이 뭔지는 적히지 않았다. X

⑤ 미국의 현충일이 5월 마지막 주 월요일이라고 적혀 있다. O

9p

1. ②

해설

① SCP-1645의 길이는 6m이다.

③ 하치 병은 모든 동물에게 발병할 수 있다.

④ 하치 병으로 발생하는 종양은 목 주변에 생긴다.

⑤ 1645를 보관하는 우리의 내부 온도는 3.5도이다.

2. ③

해설 ①번은 북아메리카 대륙의 원주민 의상이고, ②번은 북극, 시베리아 극동부 등에서 사는 에스키모인 의상이며, ③번은 일본의 전통 의상이다. 하치 병에 면역인 나라는 일본과 그리스로, 그중 일본의 전통 의상인 기모노가 정답이다.

3. ②

해설 1645는 큰 홍수가 난 강변 근처 밭에서 발견되었다.

12p

1. ③

해설

① SCP-1295는 4명의 나이 든 남성 집단이다.

② 드와이트는 프레드릭의 말버릇을 싫어한다.

④ 프레드릭의 말버릇을 싫어하는 사람은 드와이트와 워렌이다.

⑤ 펫은 드와이트의 의견이 공정하지 않다고 생각해 화를 내고 있다.

2. ④

해설 SCP-1295는 오전 9시에 나타나 오후 6시에 나간다.

3. ⑤

해설 '현명하다' 속 현은 나타날 현(現)이 아니라 어질 현(賢)을 쓴다.

13p

4. ④

해설
프레드릭에게 SCP-871을 줘 자신을 포함한 다른
사람들의 음식을 지켜 내려고 한다.

5. (1) 펫, (2) 워렌

해설 (1)은 네 명 중 하얀 옷을 입고 있고 드와이트
옆자리에 앉은 펫이며, (2)는 SCP-1295-1의 번호를
가진 워렌이다.

6. ① SCP-1295-2, ② 프레드릭

해설
그림에서 거리 곳곳에 이빨 자국이 있다.
주변 사람들을 배고프게 만드는 건 SCP-1295-2.
프레드릭이다.

15p

1. ④

해설
1370은 전투 능력은커녕, 이동에도 하자가 있는
개체다.

2.

해설 1370이 자신을 '모든 어둠의 마스터 둠마스터
1370'이라고 외치며 싸운 상대는 스피커를 심은 화분
이었다.

3. ⑤

해설 1370의 별명은 과장되어야 하는데, 가영의
'뒤집어진 전압계'는 별명보다 설명에 가깝다.

17p

1. ③

해설 ③ 4855의 몸을 검사해도, 능력의 원인을
찾아내지 못했다.

2.

해설
본문을 보면 4855는 침대 아래에 숨어 구조를
기다렸다고 한다. 본문 속 내용을 통해 유추해 본다면
4855는 침대 밑에서 발견되었을 것으로 보인다.

3. ③

해설 이 말은 무언가 신기하거나 기묘한 일을
겪었을 때 쓰는 말이다. 보기 중 그 상황에 가장
적합한 건 ③번이므로, 정답은 ③번이다.

20p

1. ①

해설
② 아이들이 가지고 놀 수 있는, 완구 회사에서
유통하는 공산품을 말한다.
③ 137의 빙의 범위는 반경 500m 내외다.
④ 137은 스스로 주행도 가능할 만큼, 실제 자동차와
똑같이 변화한다.
⑤ 137이 왜 나타났는지는 현재로선 알 수 없다.

2.

해설 본문에 나온 빙의 사례 중, 해리포터 모형 인형은 없었다.

3. ④

해설 137은 자신을 '지구에서 가장 똑똑한 사람'이라고 소개했음에도 연구원이 준 문제를 풀지 못했다.

21p

4.

해설 137은 장난감에 빙의하여 실제 사물이 된다. 모형 자동차에 빙의한 137은 자동차가 되어 교통사고를 일으킬 것이고, 토끼 인형에 빙의하면 토끼가 되어 풀을 뜯고 다닐 것이다. 하지만 연필은 장난감이 아니므로, 연필을 줘도 137이 빙의하지 않을 것이다.

5. ②

해설 현재 137은 공주 인형에 빙의되어 있다. 그러므로 ①번 방보다 ②번 방을 선택할 확률이 더 높다.

23p

1. ②

해설
① SCP–035는 진짜 이름이 아니다. 재단에서 부여한 번호다.
③ 035는 자신을 보는 사람의 정신을 교란해 자신을 쓰도록 만든다.
④ 035가 발견된 곳은 이탈리아의 베네치아라는 도시다.
⑤ 035의 눈과 입에는 하얀 액체가 아닌 검은 액체가 흘러나온다.

2. ④

해설 035의 눈과 입에서 흘러나오는 검은 액체에 닿았을 때 부패 속도가 가장 느린 것은 유리라고 본문에 나와 있다. 따라서 유리로 035를 보관하는 것이 적합하다.

3. ④

해설 035가 흰색 도자기 가면은 맞지만, 본문 어디에도 파괴해야 한다는 내용은 나오지 않았다.

25p

1. ④

해설
① 1126은 높이 12m의 야자수다.
② 1126은 자신을 '요원 팔머'라고 소개했다.
③ 철 기둥이 아니라 콘크리트 기둥이다.
⑤ 1126은 팔이 없지만, 팔이 있는 것처럼 트렌치코트를 조종할 수 있다.

2. ②

해설 본문을 보면, 1126은 '줄기에 어두운 회색 트렌치코트가 벨트 2개로 고정되어 있다'고 적혀 있다. 그러므로 정답은 ②번이다.

3. ④

해설 본문 속 박사는 1126에게 '독 안에 든 쥐'라고 말했다. 보기 중 막다른 골목에 와 버린 유선의 상태가 다른 아이들보다 '독 안에 든 쥐'에 걸맞은 상태이기 때문에 ④번이다.

27p

1. ①

해설
② 1147은 심어진 물질의 물리적 속성을 물려받은
자두나무로 자라난다.
③ 1147은 고체뿐 아니라 액체에서도 자라날 수 있다.
④ 줄기가 아닌 잎과 꽃이 무색이다.
⑤ 씨앗인 1147-1은 심어진 물질의 속성을 물려받지
않는다.

2. ③

해설 잎 대신 털이 나 있다는 건 간 소고기에서 심은
1147뿐이며, 함부로 먹으면 큰일 난다는 건 식중독을
의미한다.

3. ⑤

해설 설명 속 특성들은 유리의 특성과 일치한다.

30p

1. ⑤

해설
① 1585는 태평양에 서식한다.
② 1585의 갓은 항상 해수면 위에 올라와 있다.
③ 1585의 동물들은 빠른 진화 속도를 보여준다.
④ 1585-1은 다른 동물의 골수를 먹는 것으로 식성을
바꾸었다.

2. ① - ⓐ, ② - ⓒ, ③ - ⓑ

해설 ⓐ는 1585-155의 깃털, ⓑ는 1585-304의
갈고리 이빨, ⓒ는 1585-204의 뿔 끝부분이다.

3. ③

해설 그냥 민달팽이는 바다 민달팽이와 외형과
생태가 다른 동물이다.

31p

4. ②

해설 문장 중 '안전하게 지면에 착지하는 것'이라는
부분이 있는데, 보기 중 이 문장이 가장 어울리는
단어는 ②번 '활공'이다.

5.

해설 1585-1은 개미 같은 곤충이 아닌 죽은 동물의
골수를 먹는 식성으로 바뀌었다고 한다.

6. 태평양

해설 태평양에 자리를 잡은 1585에 서식하는
동식물은 유라시아, 아메리카, 오세아니아 대륙으로
부터 온 것으로 추측된다. 따라서 빈칸에 알맞은
정답은 '태평양'이다.

33p

1. ③

해설
① 2686은 달 표면에 거주하고 있다.
② 2686-1은 반경 45m의 구형 공간이다.
④ 현재 2686을 데려오려는 시도는 전부 실패했다.
⑤ 2686의 지팡이는 참나무 조각이다.

2. ①

해설 본문에서 2686은 청색과 녹색의 거친 로브,
회색 나이트캡을 쓰고 있다고 나와 있다. 본문 내용을
따른 것은 ①번이다.

3. ①

해설 본문에서 박사는 2686의 처지를 '등잔 밑이
어둡다'라고 표현했다. 이는 가까이 있는 걸
못 찾을 때 쓰는 속담으로, 휴대폰으로 통화하면서
휴대폰을 찾는 유정이 가장 비슷하다고 할 수 있다.

1. ④

해설
① 749의 몸길이는 평균 3m이다.
② 749는 걸을 때 발생하는 소리를 빗방울 소리로
모방할 수 있기 때문에 비바람이 몰아칠 때 사냥하는
것을 선호한다.
③ 749의 다리는 평균 200~300쌍이다.
⑤ 현재 격리된 749 말고도 야생 749가 더 존재하는
것으로 판단된다.

2. ①

해설 본문을 보면 야생 749는 아치 형태의 건물에
주로 발견되었다고 한다.

3. ②

해설 749가 좋아하는 소리는 비 내리는 소리. 보기의
아이 중 빗소리를 흉내 낸 아이는 찬혁이다. 그러므로
답은 ②번이다.

1. ②

해설
① 3671은 평범해 보이는 시리얼 상자다.
③ 3671은 2018년 3월 13일 이후로 먹을 수 없는
물체를 만들어 낸다.
④ 3671의 겉면은 새로 바뀐 내용물과 연관되어
바뀐다.
⑤ 3671은 프랭크 라이트 박사와의 실험 이후로
달라졌다.

2. ③

해설 겉면이 내용물과 연관되어 있다는 점을 봤을 때,
보기 중 가장 적절한 건 ③번이다.

3. ④

해설 3671이 말한 배은망덕은 '은혜를 잊고 배신을
한다는 뜻'이다. 이 뜻에 가장 적절한 보기는
④번이다.

4. ②,③,⑤

해설 ①, ④번은 수정되기 전의 규칙으로, 3671이
먹을 수 있는 시리얼을 만들 때 세워졌다.

5. 2018년 3월 12일

해설 초콜릿을 좋아한다는 점과 3671이 찢어졌다는
점을 통해 이 포장 상자는 2018년 3월 12일의
3671임을 알 수 있다.

6. 손이 발이 되도록 빌다.

해설 본문에서 3671의 말을 통해 나온 관용어다.

1. ④

해설
① 073의 이름은 '카인'이다.
② 076-1은 각 변 3m의 정육면체 큐브를 부르는
말이다.
③ 073의 인공 팔에 관한 건 073 자신도 모른다.
⑤ 073의 식단이 육식만으로 구성된 건, 주변의
식물을 썩게 만드는 073의 능력 때문이다.

2. ⑤

해설 설명에서 [문이 열려 있다.], [인간을 극도로
싫어한다.], [깨어나지 않았으면 한다] 같은 점이
있으므로, 이 점을 모두 충족시키는 것은 ⑤번,
SCP-076 [아벨]이다.

3. ④

해설 자업자득은 자기가 저지른 일의 결과를
스스로가 돌려받는다는 뜻이다. 이 뜻에 가장
적절하게 사용하는 아이는 ④번. 지훈이다.

📝 정답과 도움말

45p

4. 카인 (①,⑤,⑥), 아벨 (②,③,④)

해설 본문을 통해, 카인이 탄 피부와 신체 일부가 금속으로 이루어진 인공품, 이마에 문양이 하나 새겨져 있는 걸 알 수 있다. 또한 아벨의 머리가 검은색, 눈은 회색이며, 키는 196cm, 허공에서 무기를 소환할 수 있다는 걸 알 수 있다.

5. 월계관을 쓰고 있는 카인

해설 본문에서 073은 주변 식물을 썩게 만드는 능력을 갖추고 있다. 그림 속 카인이 쓰고 있는 건 월계관으로, 월계수라는 식물로 만든 관이다. 카인의 능력으로 당장 썩어야 할 월계관이 멀쩡한 것이 가장 이상한 점이다.

6. ③

해설 카인은 대화에서 '모르는 게 약'이라는 말을 했다. 그리고 그 뒤 아벨의 만화에서 아벨이 카인을 일방적으로 때리는 걸 볼 수 있으므로, 정답은 ③번이다.

48p

1. ⑤

해설 ⑤ 재단은 4가지 등급 말고도 '타우미엘'같은 다른 등급이 존재한다.

2. 유클리드

해설 격리조건에 많은 자원이 필요한 것과 전투가 일어날 수 있다는 점에서 유클리드와 케테르 중 하나로 좁혀지게 되는데, 격리 자체가 불가능하진 않다는 글에서 케테르가 제외된다. 그래서 정답은 '유클리드'다.

3. ②

해설 1번은 케테르 등급의 SCP-682이고, 3번은 안전 등급의 SCP-999이다. SCP-2741은 오른손잡이를 왼손잡이로 바꿔주는 상자였으나, 현재는 실험 중 부작용으로 변칙성을 보여주지 않아 무효 등급을 받았다. 고로 정답은 ②번이다.

49p

4. ②

해설
① 격리 등급은 관찰 및 실험으로 조정되기도 한다.
③ 무효 등급은 더 이상 변칙성이 없거나, 파괴되어 무력화된 개체들에게 주는 등급이다.
④ 안전 등급은 관리 조건이 없거나 쉬운 개체라는 뜻으로, 아무나 가지고 놀아도 된다는 뜻은 아니다.
⑤ 케테르 설명 중에 격리 자체가 불가능한 것도 있다는 말이 있다.

5. 안전

해설 변칙성은 존재하지만, 격리 조건이 쉽고 우호적이다. 격리 실패 사례가 없는 것으로 볼 때, 안전 등급으로 두는 게 가장 적절하다.

6. ④

해설 다른 보기들은 전부 없을 무(無)자를 쓰지만, ④번은 굳셀 무(武)자를 쓰는 단어다.

52p

1. ②

해설 ② '나' 포함 12명이 아닌, '나'와 전투 부대원 12명이 같이 갔다고 한다. 즉, 총 13명이 간 것이다.

2. ① - 지상 1층, ② - 지하 2층, ③ - 지상 2층, ④ - 지하 1층

해설 ①번의 묘사는 지상 1층에서 사용되었다. ②번의 돌기둥, 카펫, 대리석은 지하 2층에서 사용되었다. ③번의 계단은 지상 2층. 지하 2층에서는 계단을 다르게 묘사했다. ④번은 지하 1층에서 사용되었다.

3. ④

해설 ④번의 접은 이를 접(接)이 아닌 나비 접(蝶)자를 쓴다.

53p

4. SCP-2191-1

해설 2191-1은 2191를 탐사하던 중에 발견한 개체이며, 지하 3층으로 통하는 계단에서 처음 발견되었다. 이후 한 개체를 확보해 부검했고, 그 과정에서 2191-2A를 발견하기도 했다.

5. 지하 2층

해설 돌기둥과 카펫, 가운데 제단을 보아 이런 묘사가 있는 곳은 2191의 지하 2층뿐이다.

6. ④

해설 우여곡절은 '뒤얽혀 복잡해진 사정'이라는 뜻을 가지고 있다. 이 뜻에 가장 적절한 보기를 말한 사람은 희수. ④번이다.

55p

1. ③

해설
① 지구 표면으로부터 상공 50~110m 사이에 체공할 수 있다.
② 1608은 자신의 움직임을 완벽하게 통제하지는 못한다.
④ 1분이 아닌, 16초에서 20초가량 형태를 유지한다.
⑤ 1608은 먹이 판별 능력이 뛰어나지 않다. 먹이 사례 중에 항공기를 먹은 사례가 있다.

2. ②

해설 본문에서 1608은 하늘을 나는 대왕고래이며, 지느러미에 구름 모양의 그림이 새겨져 있다고 나와 있다. 이런 특징을 잘 묘사한 건 ②번이다.

3. ④

해설 ④번은 표류보다는 역류가 더 적절한 문장으로 보인다. 역류는 액체나 기체 등이 거꾸로 거슬러 오르거나 흐른다는 뜻이다.

57p

1. ④

해설
① 2599의 이름은 '제나 조'다.
② 2599는 자신에게 주어진 명령을 완벽하게 수행하지 못한다.
③ 유일하지 않다. 그 외 다른 명령들도 모두 성공하지 못했다.
⑤ 2599에게 격려하는 말을 한 건 비둘기가 아니라 토끼다.

2. ① - ⓒ, ② - ⓐ, ③ - ⓑ

해설
① 블록 3개를 쌓는 실험이었지만, 마지막 블록을 바닥에 떨어뜨렸다고 한다.
② 앞, 뒤가 아닌 옆면이 나와서 24번 진행했다고 한다.
③ 두 다리를 치료하는 실험이었지만, 상처가 나은 건 오른쪽 다리뿐이었다고 한다

3. ⑤

해설 모순은 '서로 맞지 않은 둘 이상의 논리'를 뜻하는 말이다. 보기 중 서로의 말을 부정하는 글은 ⑤번이기 때문에, 정답은 ⑤번이다.

59p

1. ①

해설
② 2091-1은 주변 15m 안에 2091-2가 있으면 살아 움직일 수 있다.
③ 2091-1은 점토를 먹는 것으로 신체를 복구할 수 있다.
④ 면담에서 2091-2는 6살이었던 일로부터 10년이 지났다고 한다. 즉, 면담 당시는 16살이었다.
⑤ 2091-1은 2091-2의 할아버지다.

2. ① 2.1m, ② 1.2m, ③ 15m

해설 본문 속 2091-1의 특성을 보자면, 높이는 1.2m이고, 길이는 2.1m, 활성화할 수 있는 거리는 15m로 나와 있다. 그러므로 ①번은 2.1m, ②번은 1.2m, ③번은 15m이다.

3. ③

해설 본문 속 '눈에 불을 켜다'는 '욕심, 혹은 관심을 보여 눈을 빛내다.'라는 뜻으로 사용되었다. 보기 중 이 뜻에 가장 적절한 건 ③번이다.

4. ③

해설 2091-1은 점토를 먹는 것으로 손상된 신체를 복구할 수 있다고 나와 있다. 그러므로 정답은 ③번이다.

📝 정답과 도움말

1. ②

해설 ② 3753을 마시고 바로 병이 낫는 것이 아니다. 3753을 복용하고 나타난 3753-A를 쓰러뜨려야 병이 낫게 된다.

2. ① − ⓐ, ② − ⓒ, ③ − ⓑ

해설 본문에 엠마 리스터는 목이 아프고, 우르술라 누네스는 우울증을 가지고 있으며, 로지는 허리 디스크가 있다고 나와 있다. 그러므로 정답은 ① − ⓐ, ② − ⓒ, ③ − ⓑ이다.

3. ②

해설 '몰아붙이다'는 '한쪽으로 몰려가게 한다.', 또는 '상대를 어떤 상황이나 방향으로 세게 몰다.'라는 뜻으로, 상대가 도망가지 못하게 방 안 구석으로 몰아넣었다는 명식이 가장 어울린다고 할 수 있다. 정답은 ②번이다.

4. ⑤

해설 ⑤ 헨리크 슈투어마템은 3753-A와의 싸움에서 졌다.

5. ③

해설 3753-A와의 대결 중에 무기를 쓰거나, 다른 사람과 같이 싸우게 되면 반칙패 한다는 말이 있다. 같이 싸우는 ①과 무기를 들고 싸우는 ②는 반칙패 하게 되므로, ③번만이 3753-A에게 이길 수 있다.

6.

해설 설명글로 가리키는 것은 '충치'다. 그러므로 충치와 연관되어 그리면 된다.

1. ③

해설
① 5564는 자신의 원래 이름을 기억하지 못하고 있다.
② 5564의 능력은 5564의 의지로 발동하는 것이 아니다.
④ 5564의 역할은 심판이 아닌 축구공이다.
⑤ 경기는 먼저 10골을 넣은 사람이 있어야 종료된다.

2. 왼손을 쓰는 남자, 혹은 남자가 '나 왼손잡이야.'라고 말하는 그림

해설 5564의 능력으로 승부가 가려지면, 승자의 주장이 무조건 맞게 된다. 승부에서 이긴 여자의 주장은 '남자는 왼손잡이'이므로, 남자가 왼손을 사용하거나, 여자의 주장을 따라 하는 모습을 그려주면 된다.

3. ③

해설 ③번을 제외한 보기에서는 주인 주(主)자를 쓴다. 하지만 ③번은 붉을 주(朱)를 쓰므로, 정답은 ③번이다.

1. ①

해설 ① 4062는 암컷이 아닌 수컷 우크라이나 셰퍼드다.

2. ③

해설 4062는 물에 젖게 되면 변칙성이 발현된다. 그림 4062가 물에 닿을 가능성이 가장 높은 건 ③번이므로, 정답은 ③번이다.

3. ①

해설 나머지 보기에서는 움직일 동(動)을 쓰지만, ①번은 구리 동(銅)자를 쓴다. 그러므로 정답은 ①번이다.

1. ③

해설 ③ 1699의 발성 기관은 감각 기관과 더불어 아직 발견되지 않았다.

2. ④

해설 본문 어디에도 1699가 뭔가를 먹는다는 내용이 없다. 옳고 그름을 따지기 전에 어울리지 않는 문장을 찾는 것이기 때문에 정답은 ④번이다.

3. ②

해설 학교 전체보다 자기 반이 더 좁은 개념이고, 거기서 1등 한 일로 으스대는 걸 보면 자기가 아는 세상이 좁다는 걸 알 수 있다. 그러므로 정답은 ②번이다.

1. ④

해설
① 811은 팔다리가 길고 가느다랗다고 한다.
② 손과 발바닥에서 분비되는 점액은 옅은 초록색 이다.
③ 피부를 통해 영양분을 흡수해도, 입은 존재한다.
⑤ 노폐물은 입을 통해 발사한다.

2. ①

해설
② 지문에서 811은 검은 머리카락을 가지고 있다고 나와 있다.
③ 지문에서 811의 꼬리에 대해서 아무런 언급이 되어 있지 않다.

3. O

해설 다음 글은 811이 자기 머리카락을 씻겨 달라는 내용이다. 본문에서 이 요구가 승인되었다고 나왔으므로, 정답은 O다.

1. ③

해설 ③ 디즈는 키 작은 백인종 집사라고 나와 있다.

2.

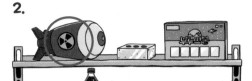

해설 본문을 보면 '핵폭탄을 구해와라.' 명령을 거절 했다고 나온다. 그러므로 핵폭탄에 동그라미를 그려야 한다.

3. ①

해설 '식은 죽 먹기'는 쉽게 할 수 있는 일을 의미하는 말이다. 이미 풀었던 문제를 또 푸는 것은 쉬운 일 이기 때문에, 보기 중 가장 적합한 것은 ①번이다.

1. ②

해설 ② 2800의 머리카락은 갈색이다.

2. ①

해설 2800의 능력과 가장 어울리는 의상을 생각 해보자면, 선인장을 떠올릴 수 있는 ①번이 가장 적절하다.

3. ⑤

해설 빈칸 속 말을 설명하는 말로 '계속 도전하다 보면 언젠간 성공한다'라는 말이 있다. 이 말에 가장 적합한 단어 칠전팔기므로, 정답은 ⑤번이다.

1. ②

해설
① 469의 날개는 제각각의 크기를 가지고 있다.
③ 469의 날개는 비행보다는 방어의 목적으로 역할을 하고 있다고 추측한다.
④ 469의 날개는 내부 생물체의 척추에서부터 자란 것으로 추측된다.
⑤ 총소리가 아닌, 종소리를 선호한다고 한다.

77p

2.

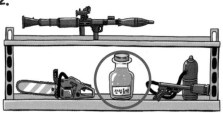

해설 본문에서 469를 제거할 계획으로 산성용액을 사용한다는 것을 알 수 있으므로, 정답은 유리병이다.

3. ④

해설 '도약하다'는 '뛰어오르다'라는 뜻이다. 아래 보기 속 '도약하다'를 '뛰어오르다'라고 바꿨을 때 가장 어울리는 보기는 ④번이다.

80p

1. ②

해설 ② '우는 얼굴'이 아닌 '웃는 얼굴'이다.

2. ③

해설 본문에서 2980-1은 발굽이 달려 있고, 암적색 피부에 뿔이 난 개체라고 설명했다. 이 조건을 만족하는 건 ③번이므로, 정답은 ③번이다.

3. ④

해설 앞부분은 '압권', 뒷부분은 '눈물이 앞을 가린다.'가 적절한데, 보기 중 두 단어가 모두 있는 건 ④번이므로, 정답은 ④번이다.

81p

4. ④

해설 면담 기록을 통해, 2980-1은 자기가 쓴 동화가 얼마나 재미있는지 알고 싶어 왔다고 말했다. 그 외 다른 보기는 적절하지 않거나 알 수 없는 내용이므로, 정답은 ④번이다.

5.

해설 본문을 보면 2980은 오후 8시 30분에 발동된다고 나온다. 하지만 그림 속 시계는 8시를 가리키고 있으므로, 가장 어색한 것으로 시계를 고르면 된다.

6. 형언할 수 없는 자 그로그의 잠자리

해설 3개의 이야기 중 '잘 곳을 찾는다.'는 것과 '천 년'이라는 단어 모두 들어가는 건 '형언할 수 없는 자 그로그의 잠자리'다.

84p

1. ④

해설
① 2225의 등에는 다양한 색의 털이 자란다.
② 2225의 허물에는 은이 함유되어 있다.
③ 2225가 뱀의 머리를 가지고 있지만 인간의 언어를 구사할 수 있다.
⑤ 2225는 한 박물관의 저장고에 난입했던 사건을 처음으로 발견되었다.

2. ④

해설 2225의 먹이는 친구 관계인 두 사람의 머리카락이라고 한다. 이 말에 가장 어울리는 그림은 ④번이므로, 정답은 ④번이다.

3. ②

해설 본문을 통해 2225는 오래된 일기장을 훔치다 발견됐다는 것을 알 수 있다. 그러므로 정답은 ②번이다.

4. ⑤

해설 ⑤ 면담 마지막 부분을 보면 둘은 장난감 하나를 두고 싸우는 걸 알 수 있다. 후에 어떻게 됐는지는 알 수 없지만, 둘이 사이좋게 물건을 나눠 가졌다는 말은 맞지 않으므로 정답은 ⑤번이다.

5.

해설 2225가 만들어내는 물건은 대체로 크기가 작으며, 은을 함유하고 있다. 이걸 지키지 않은 건 루비 보석과 로켓(rocket)이다.

6. ③

해설 보기 중 ③번의 탈은 한자 '벗을 탈'이 아닌 가면을 의미하는 순우리말 '탈'을 의미한다. 그러므로 정답은 ③번이다.

1. ④

해설 ④ 카멜레온 씨는 초당 체중의 0.001%를 방출한다.

2.

해설
카멜레온 씨는 자신에게서 반사된 빛을 먹지 않는다고 한다. 아래 물건 중에서 빛을 반사할 수 있는 물건은 거울이므로, 거울에 동그라미를 그리는 게 맞다.

3. ③

해설 남녀노소는 모든 사람을 의미한다. 하지만 ③번을 보면 어린이를 제외한다는 말이 적혀 있어 남녀노소란 말을 쓰기엔 적합하지 않다. 그러므로 답은 ③번이다.

1. ②

해설 ② 395-KO 중앙에는 은행나무가 아닌, 커다란 모란꽃이 있다.

2.

해설 본문의 설명을 보면 395-KO-2는 신체 부위에 꽃이 달려 있다고 하며, 마지막엔 여자아이로 태어났다고 한다. 이 설명을 모두 만족하는 건 침대에 앉아있는 아이가 유일하다.

3. ④

해설 남을 불쌍하게 여기는 착한 마음을 의미하는 측은지심. 이 의미를 어울리게 사용하고 있는 사람은 ④번, 송찬이다.

4. ④

해설 ④ 그들이 살아날 수 있었던 건, 외부인을 상대하던 395-KO-2가 그들에게 귀띔해 줬기 때문이다.

5. ⑤

해설 그림 속 상황은 복사꽃 꽃잎들이 떨어지는 상황이다. 본문 속 이 말은 1995년. 마지막 남은 원주민이 폭탄을 터트린 직후에 나온 말이기 때문에 정답은 그다음 일어난 일을 찾으면 된다. 그러므로 정답은 ⑤번이다.

6. 395-KO-1과 그걸 모시는 원주민들이 더 이상 없어서.

해설 변칙 능력을 보여줬던 395-KO-1과 395-KO-2들이 이제 존재하지 않아서 격리 등급을 조정했다고 한다.

1. ⑤

해설 ⑤ E 계급은 임시 계급으로, 개체를 확보하는 작전에만 부여되는 계급이다. 작전이 끝나면 검사를 받고 계급에서 벗어날 수 있다.

2.

해설 본문을 보면 C 계급은 연구원, D 계급은 범죄자, E 계급은 격리 현장 요원에게 부여한다는 걸 알 수 있다. 이에 맞는 그림을 찾아 줄을 그어보면, ①은 E 계급에, ②는 C 계급에, ③은 D 계급에 그어야 한다.

3. ④

해설 '같은 현상이나 일이 많이 벌어진다'는 뜻으로, ④번의 내용과 가장 어울리므로 정답은 ④번이다.

1. ①

해설 ① 2개 편지 모두 로이가 다니엘에게 보내는 편지다.

2. ① D 계급인원 ② 로이 요원 ③ SCP-2959

해설 본문을 보면, 2959는 위장 잠입한 로이 요원에게 박사님으로 부르는 걸 알 수 있다. 그러므로 같은 D 계급한테 인사하는 ③번이 2959, 인사를 받는 ②번이 로이 요원, 이걸 모르는 ①번이 일반 D 계급 인원으로 보면 된다.

3. 재단이 본래 목적을 잊고 필요 이상으로 가혹한 행위를 하는 걸 방지하기 위해서.

해설 두 번째 편지에서 로이가 다니엘에게 한 말 중 윤리 위원회가 있는 이유를 말하는 부분이 있다. 그 부분을 참고해 빈칸에 적으면 된다.

1. ②

해설 ② 049가 편지를 쓴 이유는 상대방에게 약속을 지켜달라고 요구하기 위해서다.

2.

해설 본문을 보면 049는 실험체 중 인간을 가장 선호하는 것을 알 수 있다. 그러므로 정답은 남자 연구원이다.

3. ③

해설 '괴상망측하다'는 '기분이 나쁠 정도로 상식에서 벗어나 아주 이상하다'는 부정적인 의미가 있다. 보기 문장 중에서 부정적인 의미가 있는 건 ③번밖에 없으므로, 정답은 ③번이다.

1. ③

해설 ③ 설명서는 총 32장이다.

2.

해설 609는 변형하거나 제거할 수 없다고 했다. 크기를 키운 건 앞서 말한 지문에 어긋난 것이므로 정답은 커다란 609를 들고 있는 연구원이다.

3. 나는 생각한다. 고로 존재하게 만든다!

해설 캐치프레이즈는 제품을 하나하나 설명하는 글이 아니다. 해당 제품을 떠올리게 할 강렬한 문장. 그걸 캐치프레이즈라고 부른다. 그러므로 본문에서 609의 캐치프레이즈는 '나는 생각한다. 고로 존재하게 만든다!'라고 할 수 있다.

1. ④

해설 ④ 451은 지금 19 기지에 있다.

2. ① – ⓓ, ② – ⓐ, ③ – ⓑ,
남는 날짜는 ⓒ 6월 11일

해설 본문을 보면, ①은 6월 17일, ②는 6월 5일, ③은 6월 8일에 적은 내용에 있다. 그러므로 남은 날짜는 ⓒ [6월 11일]이다.

3. ③

해설 망망대해는 크기가 한없이 커서 끝이 보이지 않는 바다를 의미한다. 보기 중 바다가 그려진 건 ③번. 그러므로 정답은 ③번이다.

4. ①

해설
② 451이 19 기지로 오기까지 관찰 일지 속 연구진들의 경호가 있었다.
③ 관찰 일지를 쓰는 사람은 451과 친구 사이다.
④ 지금 451을 관찰하는 인원은 최소 5명 이상이다.
⑤ 451이 먹은 맥주는 롬멜의 것으로, 롬멜은 관찰 일지를 쓴 사람이다

5.

해설 451은 다른 사람을 인식할 수 없다고 했다. 그런 451이 보이지도 않는 카메라를 향해 포즈를 취한다는 건 맞지 않는다.

6. ④

해설 목에 핏대를 세운다는 '몹시 노하거나 흥분하다'라는 뜻을 가지고 있다. 이 의미가 가장 잘 어울리게 사용한 아이는 철준, 정답은 ④번이다.

1. ③

해설 ③ 005-KO 내부는 내부에 들어가는 생명체에 따라 자동으로 재배치된다.

2. 새 (참새, 비둘기, 기러기 같은)

해설 둥지, 새 모이 등으로 봤을 때 이 당시 내부에 있던 생명체는 '새'인 것으로 보인다. 하지만 타조, 펭귄처럼 사는 환경이 다르거나 매, 독수리처럼 먹이가 다른 새를 적으면 안 된다.

105p

3. 동충하초

해설 본문 내용을 통해 005-KO는 생명체 모양의 동충하초를 만들어 내는 것을 알 수 있다. 또한 지문을 보면 '맛은 고기, 씹을 땐 버섯'이라는 설명이 있으므로, 정답은 동충하초다.

108p

1. ④

해설 ④ 이들의 목적은 메카네의 부활이지, 알다바오트의 부활이 아니다.

2. ②

해설 본문에서 부서진 신의 교단 사람들은 몸을 기계로 바꾼다는 말이 있다. 이 중 신체가 기계로 바뀐 사람은 ②번이니까, 정답은 ②번이다.

3. ④

해설 보기에서 도와준 사람에게 되레 피해를 입은 사람은 은경이다. 이건 '은혜를 원수로 갚는다'의 뜻과 일치하므로, 정답은 ④번이다.

109p

4. ③

해설 ③ 사르킥 교단은 메카네의 심장을 부서진 신의 교단에 넘기면 안 된다고 말하고 있다. 결국 메카네의 심장을 받기 위해서 이런 이유를 나열한 것이므로 정답은 ③번이다.

5. ① – ⓒ, ② – ⓑ, ③ – ⓐ

해설 ①번 보기는 부서진 신의 교단, ②번은 사르킥 교단, 3번은 SCP 재단의 특징을 적은 것이다. 그러므로 ①-ⓒ, ②-ⓑ, ③-ⓐ로 짝지어주면 된다.

6. ①

해설 요점만 곧바로 말한다는 뜻의 사자성어는 '단도직입'이다. 그러므로 정답은 ①번이다.

7. 세 아이 중 한 명 아무나, 이유는 자유.

해설 이 문제의 정답은 없습니다. 옳다고 생각하는 아이의 이름을 적고 그 이유를 정리해서 적어 보도록 합시다.

111p

1. ②

해설 ② 2662의 등에 난 근육 조직은 2662가 움직일 수 있다.

2. ③

해설 이 내용은 2005년에 일어난 2662의 일기 내용이다. 이때 그의 추종자들이 돼지를 잡아, 그에게 바쳤다는 내용이 있으므로, 이 중 정답은 ③번이다.

3. 숭배하는, 혹은 따르는, 받드는

해설 2662의 능력은 사람들이 자신을 숭배하게 만드는 능력이다. 그래서 빈칸에 '숭배하는'이라고 넣어도 되지만, 숭배하다와 의미가 비슷한 '따르다', '받들다' 등도 사용할 수 있다.

113p

1. ①

해설
② 2490의 머리 부분에는 눈만 그려져 있다.
③ 2490은 순간이동 능력이 있어 격리 자체가 불가능하다.
④ 2490의 암살은 최대 몇 달까지 진행된다.
⑤ 2490은 혼돈의 반란에서 만들어지지 않았다. 오히려 혼돈의 반란 쪽도 2490에게 피해를 입었다.

2. ③

해설 지문을 봤을 때, 2490은 마네킹 형태에 눈만 그려진 모습이라고 한다. 이 특징을 가장 잘 보여주는 그림은 바로 ③번이다.

3. ③

해설 쇠약하다는 힘이나 세력이 약해진다는 뜻이다. 이 뜻에 어울리게 쓴 아이는 가희이므로, 정답은 ③번이다.

115p

1. ②

해설 ② 3737은 불규칙한 주기에 따라 나타난다. 항상 갈 수 있는 곳이 아니다.

2. ① – ⓐ, ② – ⓒ, ③ – ⓑ

해설 본문을 보면 로스토바는 '재스퍼'라는 샴고양이를, 맥콜은 '집시'라는 골드 리트리버를, 로라는 '맥스'를 길렀다는 걸 알 수 있다. 그러므로 정답은 ① – ⓐ, ② – ⓒ, ③ – ⓑ이다.

3. 자유롭게 적으세요.

해설 예정대로 연구를 철회할지, 아니면 연구를 계속 지원할지 중 한 가지를 정하고 그 이유를 생각해서 적어봅시다.

117p

1. ③

해설 ③ 1079의 효과를 보려면 10분에서 15분의 시간이 필요하다.

2. ③–②–④–①

해설 본문 속 사용 방법을 보면, ③포장을 뜯고, ②먹고, ④10분에서 15분 정도 기다려야 ①분홍색 거품이 나온다고 했다. 그러므로 올바른 순서는 ③–②–④–①이다.

3. ②

해설 ①, ③, ④, ⑤는 통할 통(通)을 쓰지만, ②번은 아플 통(痛)을 쓴다. 그러므로 정답은 ②번이다.

119p

1. ①

해설 ① 특수 개체를 제외하고, 일반적인 059–KO는 6mm 크기를 가지고 있다.

2. 실험 시작 18일, 개체 수 18,000마리

해설 구조물과 특이한 개체가 나오기 시작한 건 실험 시작 후 18일째라고 나온다. 이때 개체 수도 18,000마리라고 하니, 정답은 실험 시작 18일, 개체 수 18,000마리다.

3. ③

해설 059–KO는 자기 복제를 통해 여러 마리가 되는 금속 개미다. 이런 059–KO의 특성을 가장 잘 설명해 주는 것은 ③번 군체다.

121p

1. ③

해설 ③ 호수의 용오름 현상은 매년 일어나지 않고 5년마다 일어난다.

2. ②–④–①–③

해설 573–KO는 일반 물고기에서 알 수 없는 방법으로 이 호수에 들어오고, 호수 속 다른 물고기들과 같이 다니며 수련한다고 한다. 그 후 5년마다 있는 용오름을 통해 용이 된다고 하니, 이걸 통해 그림을 나열하면 순서는 ②–④–①–③이 된다.

3. ④

해설 내 코가 석 자는 바쁘거나 힘든 상황에서 사용하는 말이다. 그러므로 정답은 바쁘다고 말을 한 재은, ④번이다.

123p

1. ①

해설 ① SCP–300 안에는 300–2로 불리는 무색 액체가 들어있다고 한다.

2.

해설 11월 15일 실험 기록을 보면 가장 먼저 보이는 건 흙길이라고 했다. 그러나 그림에서는 흙길이 아닌 콘크리트 바닥이 그려져 있으므로 정답은 콘크리트 바닥이다.

123p

3. 한 방울이 아니라서

해설 실험 기록 중에 SCP-300은 한 방울씩 실험하기로 정했다. 그 이유는 두 방울을 쓰던 실험에서 아무것도 보이지 않았기 때문인데, 그림 속 과학자는 그 점을 무시하고 한 방울 이상 촬영을 시도하고 있다. 그러므로 정답은 '한 방울씩 촬영해야 하는데, 그렇지 않아서'가 적절한 것으로 보인다.

125p

1. ④

해설 ④ 1230을 이용한 실험 중 한 사람이 죽는 일이 발생했다.

2. ②

해설 1230-1의 특징은 녹색 망토와 수염 난 남자라는 것이다. 이 중 녹색 망토가 아닌 그림은 ②번이므로, 정답은 ②번이다.

3. ①

해설 보기의 글을 봤을 때, 빈칸에서 가장 적절한 말은 ①번이다.

127p

1. ⑤

해설 ⑤ 268을 훔친 D 계급은 격리 반 요원에게 잡히긴 했지만, 제압한 요원의 이름은 본문 어디에도 없다. 그러므로 정답은 ⑤번이다.

2. ①

해설 268의 특징은 CCTV 속 화면에서 모자이크 처리가 된다는 것이다. 그러므로 정답은 ①번이다.

3. ②

해설 박차를 가하다라는 말은 어떤 일을 촉진하려고 힘을 더할 때 사용한다. 보기 중 원래 했던 일을 더욱 열심히 하는 상황에 들어가는 건 성규기 때문에, 정답은 ②번이다.

130p

1. ④

해설 ④ 023의 능력은 안구를 적출해도 사라지지 않았으며 오히려 투명화라는 새로운 능력까지 생기게 되었다.

2. ① - ⓒ, ② - ⓐ, ③ - ⓑ

해설 ①은 가위로 뭔가를 자르는 그림. 뭔가를 잘랐다는 게 적혀있는 건 10월 1일이고, ②는 깨진 유리창. 깨진 유리창이 나오는 날은 4월 2일이다. 마지막 ③은 생일 케이크. 생일과 연관된 날짜는 8월 26일이므로 정답은 ① - ⓒ, ② - ⓐ, ③ - ⓑ 이다.

3. ③

해설 철두철미의 미는 꼬리 미를 쓴다. 이 중 꼬리를 의미하는 말을 사용한 건 구미호이기 때문에. 정답은 ③번이다.

131p

4. ②

해설 일기를 보면 이전에도 창문이 깨졌다는 걸 알 수 있으니, 창문에 대한 내용이 적혀있는 4월 2일 이후라는 걸 알 수 있다. 거기에 아직 생일이 오지 않았다고 하는 걸 보면 해당 일기는 8월 26일 전이라는 걸 알 수 있다. 그러므로 정답은 ②번이다.

5. ①

해설 본문을 보면 023은 검은 털과 주황빛 눈, 날카로운 이빨을 가진 개체라고 한다. 이 설명을 모두 만족하는 그림은 ①번이다.

6. ④

해설 본문을 보면 투명화 이름과 함께, 023의 몸이 안 보인다는 말이 있다. 그러므로 정답은 ④번이다.

1. ②

해설 ② 354는 캐나다 북부에서 발견되었다.

2. ① - ⓐ, ② - ⓒ, ③ - ⓑ

해설 본문을 보면 354-1은 거대 박쥐, 354-2는 고슴도치, 354-6은 인도 남자라고 나와 있다. 그러므로 정답은 ① - ⓐ, ② - ⓒ, ③ - ⓑ이다.

3. ②

해설 (1)은 귀여운데 근육이 많다는 것에 이상하다는 말이고, (2)는 웃긴 연기만 하던 코미디언에 진지한 연기를 해서 집중이 안 됐다고 말하고 있다. 보기 중에서 이 의미에 가장 가까운 단어는 괴리감이므로, 정답은 ②번이다.

4. ③

해설 ③ 354-3은 본문에서 나오지 않은 유일한 개체다. 그러므로 354-3을 글쓴이가 담당했는지는 알 수 없으며, 나머지 보기는 다 맞으니 정답은 ③번이다.

5. ②

해설 그림 속 개체는 354-4이며, 본문을 보면 다른 부대와 합동작전을 해서 잡았다고 나온다. 그러므로 정답은 ②번이다.

6. ④

해설 본문을 보면 글쓴이와 연구팀장은 계속해서 갈등을 빚은 관계며, 글쓴이에게 징계를 내린 사람 또한 연구팀장이다. 그러므로 정답은 ④번이다.

1. ①

해설 ① 이 글은 2개의 편지로, 하나는 038 담당 연구원인 클라인 박사가 23기지 고위 감독관에게 보내는 편지이며, 다른 하나는 23기지 고위 감독관이 클라인 박사에게 답장한 편지다.

2. 복제는 할 수 있지만, 효과는 복제되지 않는다.

해설 고위 감독관이 클라인 박사에게 보내는 편지를 보면, 038은 능력까지 복제할 수는 없다고 나와 있다. 그러므로 500의 물건을 복제할 수는 있지만, 능력은 복제할 수 없다.

3. ④

해설 ①, ②, ③, ⑤번은 일백 백(百)을 사용한 단어인데, 4번은 흰 백(白)을 사용한 단어다. 그러므로 정답은 ④번이다.

4. 복제하고 싶은 물건과 그 이유를 적어보기.

해설 038은 90.9kg 이상 되는 사물은 복제할 수 없고, 능력도 복제할 수 없다고 한다. 이 조건을 지켜서 복제하고 싶은 물건을 이유와 함께 적어 보자.

1. ②

해설 ② 914는 투입한 물체를 정제할 수 있지만, 5가지 단계로 수준을 조정할 수 있기 때문에 무조건 향상해 준다는 건 맞지 않는다. 그러므로 정답은 ②번이다.

2. ① - ⓑ, ② - ⓐ, ③ - ⓒ

해설 본문을 보면 매우 굵음 단계는 투입한 물체를 해제하고, 1:1 단계는 다른 외형으로, 매우 고움 단계는 성능이 대폭 상승한 물체로 정제되는 걸 알 수 있다. 그러므로 정답은 ①-ⓑ, ②-ⓐ, ③-ⓒ이다.

3. ④

해설 심사숙고는 아주 깊이 생각한다는 의미가 있다. 그 뜻이 가장 어울리는 건 4번이므로, 정답은 ④번이다.

1. ⑤

해설 ⑤ 선임의 임무는 전 세계를 탐지해 1440을 탐지해 상부에 보고하는 것이다.

141p

2. ③

해설 1440의 능력은 인간이나 인간이 만든 건물, 도시와 접촉하면 발동된다. 보기 중 인간과 관련된 것은 ③번이므로, 정답은 ③번이다.

3. ④

해설 ①, ②, ③, ⑤번은 멸할 멸(滅) 자를 사용했지만, ④번은 업신여길 멸(蔑) 자를 사용했다. 그러므로 정답은 ④번이다.

143p

1. ③

해설 ③ 현재 우주에 떠 있는 4464 개체는 6마리다.

2. ⑤

해설 윤리 위원회가 보낸 답장을 보면, 4464를 지구로 데려오면 잘 살 수 있는 보장이 없다고 했지. 분명히 죽는다고 말하지는 않았다. 그러므로 정답은 ⑤번이다.

3. ④

해설 ④번의 구만 구원할 구(救)가 아닌 공 구(球) 자를 쓴다.

4. 정해진 정답 없음. 자유롭게 적기.

145p

1. ①

해설 ① 글쓴이는 확보한 개체들을 제외하고 나머지 야생 155-KO 개체들을 박멸할 것을 건의하고 있다. 155-KO를 좋아한다는 것과는 맞지 않으므로 정답은 ①번이다.

2. ②,④

해설 본문에서 155-KO는 바다거북, 물고기, 소형 포유류나 조류, 그리고 인간을 숙주로 삼았다고 나온다. 여기서 숙주에 해당하는 그림은 사람과 바다 거북이므로, 정답은 ②번, ④번이다.

3. ④

해설 서로 먹고 먹히는 먹이 사슬, 그리고 그들이 서식하는 환경까지 포함한 말은 생태계다. 그러므로 정답은 ④번이다.

148p

1. ④

해설 ④ 밀러 박사는 실험 후 발생한 음료수를 하수도 로 흘려보내지 않고 식당에 전달해 직원들이 먹도록 처리했다.

2. 439-KO를 195mL 이하의 물에 넣어서.

해설 439-KO는 195mL 이상의 물에만 반응하는 알약이다. 하지만 그림을 보면 비커의 용량은 150mL로 439-KO의 효과가 나타나기엔 용량이 부족하다.

3. ①

해설 ②, ③, ④, ⑤번의 불은 아닐 불(不)자를 사용하지만, ①번은 부처 불(佛)자를 사용한다.

149p

4. ③

해설 본문을 보면 439-KO는 '한 알이면 됩니다! ○○ 맛'이라는 제품명으로 유통되고 있었다고 한다. 그러므로 정답은 ③번이다.

5. ③

해설 본문을 보면 실험 중 439-KO로 변화한 주스가 하수 처리장으로 흘러갔고, 그 때문에 몇십 톤의 물이 주스로 변화했다는 기록이 있다. 하물며 바다에 439-KO를 넣으면 동해는 물론, 태평양까지 439-KO로 변화할 수 있기 때문에, 이 중에 가장 위험한 실험을 제안한 아이는 유빈, ③번이다.

6. ③

해설 본문을 보면 439-KO는 마시면 효과가 발생하지 않는다고 나와 있다. 알약을 먹어도 효과는 없다고 나오기 때문에, 연구원은 아무런 변화가 없을 것이다. 그러므로 정답은 ③번이다.

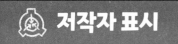

크리에이티브 커먼즈 3.0 라이선스

6p   "SoullessSingularity" 작가의 "SCP-2353: 저런 꼴은 정말 참고 못 넘어가는 마네킹"을(를)
      기반으로 하였으며, "MGPedersen"이(가) 번역하였습니다. [http://ko.scp-wiki.net/scp-2353]

8p   "lhp" 작가의 "SCP-1645: 살모사와 바이러스"을(를) 기반으로 하였으며,
      "Salamander724"이(가) 번역하였습니다. [http://www.scp-wiki.net/scp-1645]

10p   "Dmatix" 작가의 "SCP-1295: 메그네 식당"을(를) 기반으로 하였으며, "Cubic72"이(가) 번역하였습니다.
      [http://ko.scp-wiki.net/scp-1295]

14p   "Sorts" 작가의 "SCP-1370: 성가신 봇"을(를) 기반으로 하였으며, "MGPedersen"이(가) 번역하였습니다.
      [http://www.scp-wiki.net/scp-1370]

16p   "loddite" 작가의 "SCP-4855: 쇠 덫 같은 마음"을(를) 기반으로 하였으며,
      "Gua1ngHa3i"이(가) 번역하였습니다. [http://ko.scp-wiki.net/scp-4855]

18p   "DrEverettMann & Arlecchino" 작가의 "SCP-137: 진짜 장난감"을(를) 기반으로 하였으며,
      "memes"이(가) 번역하였습니다. [http://ko.scp-wiki.net/scp-137]

22p   "Kain Pathos Crow" 작가의 "SCP-035: 빙의 가면"을(를) 기반으로 하였으며,
      "shfoakdls"이(가) 번역하였습니다. [http://ko.scp-wiki.net/scp-035]

24p   "DrBerggren" 작가의 "SCP-1126: 요원 팔머"을(를) 기반으로 하였으며,
      "Salamander724"이(가) 번역하였습니다. [http://scpko.wikidot.com/scp-1126]

26p   "Ink Asylum" 작가의 "SCP-1147: 적응성 자두나무"을(를) 기반으로 하였으며,
      "Aiken Drum"이(가) 번역하였습니다. [http://scpko.wikidot.com/scp-1147]

28p   "Zugzwang" 작가의 "SCP-1585: 붉은 여왕의 섬"을(를) 기반으로 하였으며,
      "Salamander724"이(가) 번역하였습니다. [http://ko.scp-wiki.net/scp-1585]

32p   "Wogglebug" 작가의 "SCP-2686: 월법사"을(를) 기반으로 하였으며,
      "Salamander724"이(가) 번역하였습니다. [http://ko.scp-wiki.net/scp-2686]

34p   "Heiden" 작가의 "SCP-749: 빗방울"을(를) 기반으로 하였으며, "Salamander724"이(가) 번역하였습니다.
      [http://www.scp-wiki.net/scp-749]

36p   "DrMorris" 작가의 "SCP-3671: 대노한 시리얼 상자"을(를) 기반으로 하였으며,
      "Salamander724"이(가) 번역하였습니다. [http://www.scp-wiki.net/scp-3671]

40p   "Kain Pathos Crow" 작가의 "SCP-073: 카인"을(를) 기반으로 하였으며, "shfoakdls"이(가) 번역하였습니다.
      [http://ko.scp-wiki.net/scp-073]

42p   "Kain Pathos Crow" 작가의 "SCP-076: 아벨"을(를) 기반으로 하였으며, "shfoakdls"이(가) 번역하였습니다.
      [http://ko.scp-wiki.net/scp-076]

50p   "Metaphysician" 작가의 "SCP-2191: "드라큘라 공장""을(를) 기반으로 하였으며,
      "lanlanmag"이(가) 번역하였습니다. [http://www.scp-wiki.net/scp-2191]

54p   "RJB_R" 작가의 "SCP-1608: 우강(禹强)"을(를) 기반으로 하였으며,
      "Salamander724"이(가) 번역하였습니다. [http://ko.scp-wiki.net/scp-1608]

크리에이티브 커먼즈 3.0 라이선스 http://creativecommons.org/licenses/by-sa/3.0/deed.ko

56p   "weizhong" 작가의 "SCP-2599: 만족스럽지 못한"을(를) 기반으로 하였으며, "Fissh"이(가) 번역하였습니다.
[http://ko.scp-wiki.net/scp-2599]

58p   "Decibelles" 작가의 "SCP-2091: 곰과 손녀"을(를) 기반으로 하였으며, "Nareum"이(가) 번역하였습니다.
[http://ko.scp-wiki.net/scp-2091]

60p   "Weryllium" 작가의 "SCP-3753: 티-K.O."을(를) 기반으로 하였으며, "MGPedersen"이(가) 번역하였습니다.
[http://www.scp-wiki.net/scp-3753]

64p   "Alb123" 작가의 "SCP-5564: 머리 게임"을(를) 기반으로 하였으며, "Cresendo"이(가) 번역하였습니다.
[http://ko.scp-wiki.net/scp-5564]

66p   "Lesh" 작가의 "SCP-4062: 축축한 멍멍이"을(를) 기반으로 하였으며,
"TocoT0ucan_98"이(가) 번역하였습니다. [http://www.scp-wiki.net/scp-4062]

68p   "Tyumen" 작가의 "SCP-1699: 열폭하는 화산"을(를) 기반으로 하였으며,
"MGPedersen"이(가) 번역하였습니다. [http://ko.scp-wiki.net/scp-1699]

70p   "Pig_catapult" 작가의 "SCP-811: 늪속의 여자"을(를) 기반으로 하였으며, "Xcninety"이(가) 번역하였습니다.
[http://scpko.wikidot.com/scp-811]

72p   "Rick Revelry" 작가의 "SCP-662: 집사의 종"을(를) 기반으로 하였으며,
"Salamander724"이(가) 번역하였습니다. [http://www.scp-wiki.net/scp-662]

74p   "weizhong" 작가의 "SCP-2800: 선인장 맨"을(를) 기반으로 하였으며,
"Salamander724"이(가) 번역하였습니다. [http://ko.scp-wiki.net/scp-2800]

76p   "ProfSnider" 작가의 "SCP-469: 날개가 많은 천사"을(를) 기반으로 하였으며,
"MGPedersen"이(가) 번역하였습니다. [http://ko.scp-wiki.net/scp-469]

78p   "djkaktus" 작가의 "SCP-2980: 악마의 종야등"을(를) 기반으로 하였으며,
"Salamander724"이(가) 번역하였습니다. [http://ko.scp-wiki.net/scp-2980]

82p   "Zyn" 작가의 "SCP-2225: 뉘우쁜 린트부름"을(를) 기반으로 하였으며,
"Salamander724"이(가) 번역하였습니다. [http://www.scp-wiki.net/scp-2225]

86p   "Salman Corbette & DexanoteDexanote" 작가의 "SCP-905: 카멜레온 씨"을(를) 기반으로 하였으며,
"QAZ135"이(가) 번역하였습니다. [http://www.scp-wiki.net/scp-905]

88p   "Nareum" 작가의 "SCP-395-KO: 도원에서 망자들의 둘레춤을 보았는가"을(를) 기반으로 하였습니다.
[http://ko.scp-wiki.net/scp-395-ko]

94p   "kinchtheknifeblade" 작가의 "SCP-2959: 우리가 한 것, 우리였던 것"을(를) 기반으로 하였으며,
"massachusetts"이(가) 번역하였습니다. [http://www.scp-wiki.net/scp-2959]

96p   "Gabriel Jade & djkaktus" 작가의 "SCP-049: 흑사병 의사"을(를) 기반으로 하였으며,
"Kaestine"이(가) 번역하였습니다. [http://scpko.wikidot.com/scp-049]

98p   "Silberescher" 작가의 "SCP-609: 원더테인먼트 박사의 존재론적인 6번 당구공 ®"을(를)
기반으로 하였습니다. [http://scp-wiki.wikidot.com/scp-609]

100p   "Flah" 작가의 "SCP-451: 외로운 남자"을(를) 기반으로 하였으며, "Dr Devan"이(가) 번역하였습니다.
[http://www.scp-wiki.net/scp-451]

104p "MdomespearK" 작가의 "SCP-005-KO: 버섯집"을(를) 기반으로 하였습니다.
[http://scpko.wikidot.com/scp-005-ko]

110p "SoullessSingularity" 작가의 "SCP-2662: 크툴루께서 기다리시긴 개뿔!"을(를) 기반으로 하였으며,
"Fissh"이(가) 번역하였습니다. [http://ko.scp-wiki.net/scp-2662]

112p "A Random Day" 작가의 "SCP-2490: 혼돈의 반란 특수공작원 알파-19"을(를) 기반으로 하였으며,
"Crssk"이(가) 번역하였습니다. [http://ko.scp-wiki.net/scp-2490]

114p "Pecan" 작가의 "SCP-3737: 무지개다리"을(를) 기반으로 하였으며,
"TocoT0ucan_98"이(가) 번역하였습니다. [http://scp-wiki.wikidot.com/scp-3737]

116p "Buns" 작가의 "SCP-1079: 원더테인먼트 박사의 거품목욕 봉봉"을(를) 기반으로 하였으며,
"Dawninaday"이(가) 번역하였습니다. [http://www.scp-wiki.net/scp-1079]

118p "Cavern dweller" 작가의 "SCP-059-KO: 금속 개미"을(를) 기반으로 하였습니다.
[http://ko.scp-wiki.net/scp-059-ko]

120p "BlueMarK" 작가의 "SCP-573-KO: 우리는 용이 될 것인가"을(를) 기반으로 하였습니다.
[http://ko.scp-wiki.net/scp-573-ko]

122p "Aelanna" 작가의 "SCP-300: "병 속의 세상""을(를) 기반으로 하였으며,
"Spawn Lenic"이(가) 번역하였습니다. [http://www.scp-wiki.net/scp-300]

124p "MrPixel" 작가의 "SCP-1230: 영웅탄생"을(를) 기반으로 하였으며, "Salamander724"이(가) 번역하였습니다.
[http://scpko.wikidot.com/scp-1230]

126p "Pair Of Ducks" 작가의 "SCP-268: 도외시 모자"을(를) 기반으로 하였으며,
"Salamander724"이(가) 번역하였습니다. [http://www.scp-wiki.net/scp-268]

128p "Pig_catapult" 작가의 "SCP-023: 검은 마견"을(를) 기반으로 하였으며, "QAZ135"이(가) 번역하였습니다.
[http://ko.scp-wiki.net/scp-023]

132p "Dave Rapp" 작가의 "SCP-354: 붉은 웅덩이"을(를) 기반으로 하였으며,
"Major Gordon"이(가) 번역하였습니다. [http://ko.scp-wiki.net/scp-354]

136p "익명" 작가의 "SCP-038: 만물 나무"을(를) 기반으로 하였으며, "Asalain"이(가) 번역하였습니다.
[http://ko.scp-wiki.net/scp-038]

138p "Dr Gears" 작가의 "SCP-914: 태엽 장치"을(를) 기반으로 하였으며,
"Salamander724"이(가) 번역하였습니다. [http://ko.scp-wiki.net/scp-914]

140p "Dmatix" 작가의 "SCP-1440: 어디에서도 오지 않은 노인"을(를) 기반으로 하였으며,
"MGPedersen"이(가) 번역하였습니다. [http://ko.scp-wiki.net/scp-1440]

142p "Mortos" 작가의 "SCP-4464: 개들은 더 커질 수 있었어"을(를) 기반으로 하였으며,
"TocoT0ucan_98"이(가) 번역하였습니다. [http://ko.scp-wiki.net/scp-4464]

144p "dem42" 작가의 "SCP-155-KO: 비닐봉다리"을(를) 기반으로 하였습니다.
[http://scpko.wikidot.com/scp-155-ko]

146p "youngguc" 작가의 "SCP-439-KO: 한 알이면 음료수가 만들어지는 알약"을(를) 기반으로 하였습니다.
[http://scpko.wikidot.com/scp-439-ko]

국어 잘하는 문해력 & SCP재단

1판 1쇄 2023년 6월 1일

저   자 Team Story G
펴 낸 곳 OLD STAIRS
출판 등록 2008년 1월 10일 제313-2010-284호
이 메 일 oldstairs@daum.net

가격은 뒷면 표지 참조
ISBN 979-11-91156-96-6

이 책의 전부 또는 일부를 재사용하려면 반드시 OLD STAIRS의 동의를 받아야 합니다.
잘못 만들어진 책은 구매하신 서점에서 교환하여 드립니다.

공통안전기준 표시사항

· **품명 :** 도서   · **재질 :** 지류
· **제조자명 :** Oldstairs   · **제조국명 :** 대한민국
· **제조연월 :** 2022년 6월
· **주소 :** 서울특별시 마포구 양화로12길 24, 4층
· **KC인증유형 :** 공급자적합성확인

KC마크는 이 제품이 공통안전기준에 적합하였음을 의미합니다.
책 모서리에 찍히거나 책장에 베이지 않게 조심하세요.